습관은 반드시 실천할 때 만들어집니다.

좋은습관연구소의 40번째 습관은 연금 굴리기(투자) 습관입니다. 생각보다 많은 분들이 연금으로 향후 자신이 얼마를 받을 수 있는지 잘 모릅니다. 심지어 국민연금이나 퇴직연금 이외에 더 필요한 것이 없다고 생각하기도 합니다. 하지만 우리나라 국민연금 수령액 평균이 61만 원이고, 절반에 해당하는 사람이 40만 원 미만을 수령하며, 200만 원 이상 수령하는 사람은 0.3%에 불과하다는 걸 안다면, 생각이 달라집니다. 이 책은 국민연금이나 퇴직연금 외에 개인연금도 30대부터 적립하는 걸 권유합니다. 그리고 적립에만 그치지 않고 매달 적립되는 돈을 어떻게 굴려야 안전하게 관리하면서도 복리 효과까지 누릴 수 있는지 알려줍니다. 최근 대세는 연금으로 ETF에 투자하는 것입니다. 사고 팔기가 쉽고, 절세 효과도 얻을 수 있어 많은 분들이 관심을 가지기 시작했습니다. 연금은 장기 투자라는 성격을 갖고 있습니다. 우량한 ETF에 투자할 때, 어떤 금융상품보다도 확실한 '스노우볼' 효과를 누릴 수 있습니다. 연금 ETF 투자로 행복한 노후를 준비하셨으면 합니다.

연금을 '저축'이 아닌 가장 혁신적인 금융상품인 ETF를 활용한 '투자'로 접근하는 것이 신선하다. 오랜 운용사 경험에서 나온 저자의 실전 투자 노하우는 모든 이들에게 좋은 길잡이가 되어 줄 것이다.

－ 성태경(미래에셋자산운용 ETF 부문 대표)

연금을 노후 꿀단지로 만들려면 제도에 대한 이해, 계획의 수립, 무엇보다 꾸준한 실천이 필요하다. 그리고 긴 여정 끝에 목표 금액에 도달하더라도 어떻게 세금과 비용을 최소화하면서 인출해야 하는지도 알아야 한다. 저자는 우리나라 운용 업계와 ETF의 현장에서 25년 이상 근무한 베테랑이다. ETF를 활용한 연금 투자가 고민인 분이라면 이 책부터 읽으면 된다.

－ 김경식(플레인바닐라투자자문 대표이사)

연금의 중요성을 얘기한 책은 많지만 구체적인 투자 전략과 실행 방안을 명쾌하게 제시한 책은 처음인 것 같다. 쉽고 투명한 ETF를 이용하는 연금 투자는 초보 투자자에게 최상의 투자 궁합이다. 책 속에 제시된 단계로 따라만 해도 자산 증식에 큰 도움이 되리라 확신한다.

－ 박용성(드래곤에셋 대표이사)

최근 금융 시장의 메가트렌드를 꼽으라면 개인자산의 연금화와 ETF의 활성화를 빼놓을 수 없다. ETF 투자자는 절세를 위해 연금을 찾고, 연금 투자자는 수익률을 높이기 위해 ETF를 찾는다. 둘 중 하나만이라도 해당한다면 반드시 이 책을 읽어야 한다.

- 김동엽(미래에셋투자와연금센터 상무)

누구나 행복한 노후를 꿈꾸지만 여러 가지 이유로 제때 준비하지 못한다. 이 책은 바쁜 일상 속에서도 누구나 쉽게 따라 할 수 있도록 ETF 투자를 활용한 은퇴 준비를 제안한다. 저자의 제안에 따라 차근차근 투자 습관을 익히게 되면 그동안 챙기지 못한 노후 준비를 한 번에 만회하는 기회를 얻게 된다.

- 오원석(한국투자신탁운용 연금마케팅 상무)

연금
스노우볼

ETF
투자
습관

눈덩이처럼
불어나는
개인연금
운용법

김수한 지음

좋은습관연구소

일러두기

1. 이책에서 추천해 드리는 ETF 상품은 증권사를 통한 개인연금의 연금저축계좌를 통해 취급 가능합니다.

2. IRP 계좌나 은행을 통한 연금저축계좌에서는 투자가 안 되는 상품도 있음을 알려드립니다.

3. 이 책의 각종 제도와 상품은 2024년 3월 기준으로 작성되었습니다.

생애주기별 연금 운용 습관(요약)

① 드디어 사회인(30살), 부푼 꿈을 안고 입사를 했다. 회사에서 퇴직연금에 가입해야 한다고 한다. DB형이 있고 DC형이 있다.

② 사회 초년생이고 아직은 재테크나 금융상품에 대한 이해나 자산 운용 경험이 없어서 DB형을 선택하기로 했다. DB형은 내가 신경 쓸 것 없이 회사가 알아서 운용해주는 퇴직연금이다.

③ 재테크 책을 읽기 시작했다. 돈에 대해서도 계속 공부할 생각이다. 결혼도 해야 하고, 내 집 마련도 해야 한다. 절세가 가능한 ISA 계좌도 만들었다.

④ 연금 준비도 미리 하기로 했다. 30대 초반이라 좀 이른 것 같기도 하지만 연금이야말로 복리의 효과를 제대로 누려야 하는 만큼 하루라도 빨리 적립을 해두는 것이 좋을 것 같다.

⑤ 국민연금과 퇴직연금은 자동으로 가입되는 만큼, 개인연금을 추가하기로 했다.

⑥ 개인연금에는 세액공제 혜택을 받을 수 있는 '세제적격'과, 받을 수 없는 '세제비적격'이 있다. 세제적격에 해당하는 연금저축에 돈을 넣기로 한다.

⑦ 세제적격 연금저축 상품에는 연금저축보험과 연금저축펀드가 있다. 주도적으로 운용할 수 있는 연금저축펀드가 좀 더 마음에 든다.

⑧ 연금저축펀드로 불입한 돈을 갖고서 향후 어디에 투자할지 고민이다. 펀드를 사거나 ETF를 살 수 있다. 아니면 예금 이자 정도만 받고 그냥 놔둬도 된다.

⑨ 국민연금과 퇴직연금이 비교적 안정적으로 운영되는 만큼 개인연금은 투자 눈높이를 조금 더 높이기로 한다. ETF에 투자하기로 했다.

⑩ 우선 적은 금액으로 공부한다는 셈치고 MMF ETF → 만기매칭형 ETF → 혼합형 ETF → 대표지수형 ETF → 테마형 ETF 순으로 차근차근 경험해보기로 했다. 안정성에서 위험성 순이다.

⑪ 하나씩 맛 본 다음, 내 성향을 생각해본다. 대단한 운용 능력이 있는 것도 아니고, 그렇다고 은행 이자 수준에서만 돈이 굴러가는 것도 원치 않아, 장기 우상향을 믿고 대표지수 중심으로 투자하기로 한다.

⑫ 장기 투자라는 연금의 특성을 살릴 수 있으면서도 20년 이상 안정적이면서도 꾸준한 성장이 가능한 대표지수(KOSPI200, S&P500, 나스닥 등)를 추종하는 ETF에 투자하기로 결정한다.

⑬ 40대가 되었다. 그 사이 결혼도 하고 아이도 생겼다. 월급이 오르긴 했지만 생활비도 점점 늘어난다. 연금에 돈 넣는 것도 빠듯하다.

⑭ 하지만 복리효과를 누리기 위해서는 어떻게든 연금 적립을 포기하지 않을 생각이다.

⑮ 10년 가까이 쌓아둔 돈을 본격적으로 굴리기로 했다. 30대 때의 연금은 모으기이고, 40대 때의 연금은 굴리기이다.

⑯ 주식형 ETF와 채권형 ETF로 나누기로 했다. 굴리는 돈, 지키는 돈, 각각 반반씩 자산 배분을 했다. 그리고 이를 다시 국내와 해외로 한 번 더 나눴다.

⑰ 입사 동기인 친구 녀석이 내가 개인연금을 들고 있다는 소식을 듣고, 뭘 어떻게 해야 하느냐고 묻는다. 이것저것 설명해 주었지만, 결국은 스스로 공부하고 하나씩 경험해 나가는 수밖에 없다고 알려주었다.

⑱ 그리고 대표지수 ETF에 넣거나, 연금전용 상품인 TDF ETF나 TRF ETF에 돈을 넣어둘 것을 추천했다. 자산 배분이 자동으로 되는 상품이라, 넣어두는 것만으로도 좋은 성과를 거둘 수 있다고 말해주었다.

⑲ 50대가 되었다. 아이들이 많이 컸다. 이제 교육비도 만만찮게 들어간다. 회사에서는 명예퇴직 얘기도 들리고, 언제까지 이 자리에 있을 수 있을지 걱정이다.

⑳ 임금피크로 급여가 줄기 전에 퇴직연금을 DB형에서 DC형으로 변경했다. 그동안 쌓은 퇴직금을 내가 직접 운용하기로 마음먹었다.

㉑ DC형 퇴직연금은 현금 유동성에 20%, 성장형 주식에 40%, 채권에 40% 나누어 투자하기로 했다.

㉒ 언제 퇴직한다 해도 이상하지 않을 나이이다. 급여가 줄어들거나 회사를 그만둘 수도 있으니 연금으로 부족한 수입이 충당되었으면 좋겠다.

㉓ 포트폴리오 일부를 월배당이 가능한 ETF에 투자하기로 한다. 이제 매월 100만 원 수입은 가능하다.

㉔ 명예퇴직(55세)했다. 좀 이른 나이 인 것 같지만, 제2의 인생 설계가 필요한 타이밍이다. 연금 수령 신청도 했다.

㉕ 그동안 조금씩 준비해온 새로운 일도 시작할 것이다. 연금(월배당 포함) 수입과 새롭게 시작하는 일에서 얻는 수익이 합쳐지면 경제적으로 큰 문제는 없을 것 같다.

㉖ 60세가 되었다. 하고 싶은 일을 하며 사는 삶을 꿈꾸게 되었다. 지금 하는 일을 언제까지 할 수 있을지 모르겠지만, 내가 원할 때 그만둔다 하더라도 지금까지 부어온 개인연금과 주택연금에 국민연금까지 포함한다면 노후 생활에는 큰 문제가 없을 것 같다.

㉗ 돌아보니 이른 나이지만 30대부터 시작한 연금 관리가 신의 한 수였다.

㉘ 중간에 우여곡절도 있었지만 중단하지 않고 꾸준히 적립하고 관리한 것이 지금의 경제적 자유를 만들어 주었다.

서문

2023년 연말 임원 해촉 통지를 받았다. 금요일 오후 4시, 막 고객 미팅을 나가려던 참이었다.

예상도 못 했던 만큼 받아들이기도 어려웠다. 내가 맡았던 ETF 부문은 매년 성장을 이어갔고 경쟁사와의 격차를 좁히며 금방이라도 업계 1위 등극을 목전에 두고 있었다. 어쨌거나 받아들여야만 했다. 회사와 나는 종이 한 장으로 맺어진 고용 계약 관계일 뿐이었다.

어느 누구 이유를 설명해 주는 이도 없고 사실 그럴 필요도 없었다. 주말 내내, 이직해서 17년 넘는 시간을 보낸 회사를 생각했다. 마음이 착잡했다. 왜 하고 싶은 말이 없겠는가? 그러나 지금 최선은 '가야 할 때를 분명히 알고 가는 이의 아름

다운 뒷모습' 뿐이다. 아름답지 못할지라도 적어도 반듯하게
마무리하고 싶었다.

월요일 동료들에게 인사하고 간단히 짐을 정리해서 회사를
나왔다. 서로 어색했지만 그 뿐이었고 그걸로 끝이었다. 아니
정리할 것이 한 가지 더 남아 있었다. 나는 매일 아침 8시쯤
고객들에게 메일을 보냈다. 밤새 일어났던 글로벌 시장을 요
약하고 그에 맞는 ETF를 소개하는 내용이었다. 은행, 증권사
PB, 운용사, 투자자, 지인 등으로 대략 1,500명이 넘는 분들께
6년 넘게 꼬박꼬박 메일을 보냈다. 투자에 도움을 드리고 싶
었다. 나무를 자르려면 톱을 써야 하듯 시장 아이디어에 맞는
ETF를 연장 드리듯 손에 쥐여 드리고 싶었다.

아무 것도 아닌 메일이었지만, 메일을 보내지 못하는 날이
면 휴가인지, 출장인지, 코로나에 걸린 것은 아닌지 인사차 되
묻는 이도 많았다. 감사했다. 이 분들께 어떤 식으로든 마무리
인사를 드리는 것이 도리라 생각했다.

✉

안녕하세요? 김수한입니다.
앞으로 당분간 아침 메일로 찾아뵙기 어렵게 되었습니다.

[무슨 일]

지난주 금요일 저녁 회사로부터 '통보'를 받았습니다.

월요일 오전 짐을 정리하고 회사를 나왔습니다. 어제는 마음도 정리했습니다.

예상 못 했던 일이라 조금 '멍' 했습니다. 그래도 시골 촌놈이 아무것도 없이 여기까지 왔는데 어차피 잃을 건 없다고 생각했습니다.

[왜]

주말 내내 고민이었습니다. Why me?

그래도 받아들이기로 했습니다. 어차피 제 것이 아니라는 것은 알고 있었고, 이젠 제 인생에 스스로 책임질 나이도 되었기 때문입니다.

인사드리는 자리에서 몇 분들이 주신 말씀으로도 고민이 조금 풀렸습니다.

"더 위로 갈 수 없다면 이 정도에서 정리하는 게 오히려 도움이 될 거야."

주어진 시간이 여기까지였는데 미련하게도 여태껏 몰랐나 봅니다.

[앞으로]

금요일 저녁 아내와 딸에게 얘기했습니다. 아주 심각하게…… 아빠가 그렇게 되었다고……

"원래 그렇게 되는 거 아니었어, 다시 찾아보면 되지. 괜찮아." 딸이 완전 시크하게 말했습니다.

저랑 생긴 것도 하는 짓도 비슷합니다.

'하나의 문이 닫히면 다른 하나의 문이 열리게 마련이다.'

어쩐지 줄이 너무 헐겁다 싶었습니다. 한 번쯤은 매듭을 다시 지어야 도로 단단해질 것 같습니다. 의미 없는 시간이 아니라 앞으로 저와 같은 경험하실 분들께 모범이 되도록 열심히 잘 살겠습니다.

[고맙습니다]
지난 6년 동안 메일을 받으신 분이야 그러려니 할 수도 있겠지만 지난주에 처음으로 메일을 받으신 분은 아침부터 뜬금없다고 생각할 수도 있겠습니다.
그래도 저를 알고 도움 주신 분들께 어떻게 말씀드려야 할까 고민하다 아무래도 여기에 다 계신 듯하니 이렇게 인사드리는 것이 좋다고 생각했습니다.
그 동안 감사했습니다, 더 좋은 모습으로 다시 인사드리겠습니다. 건강히 지내십시오.

막상 회사를 나오니 감성은 거기까지였고 당장 현실이 닥쳐왔다. 가장 큰 부담은 '사람'도 '조직'도 아니었다. '돈'이었다. 관계나 조직은 마치 봄맞이 대청소를 끝낸 것처럼 쉽게 정돈되었다. 그러나 돈은 달랐다. 현실이었다. 평소 신경 쓰지 않던 주택담보대출과 마이너스 통장의 대출 가능액을 확인하려 비밀번호를 눌렀을 때 전과 다르게 가슴이 두근거리며 긴장이 되었다. 어렴풋하던 자산과 부채를 기록하고 어디에 어떻게 투자되고 있는지도 꼼꼼히 챙겼다.

"링 위에 올라 맞기 전까지는 누구나 그럴싸한 계획이 있었다." 타이슨의 말처럼 현실의 링 위에 올라서니 막연히 퇴직 이후를 생각하던 것과는 차원이 달랐다. 링 위에 그대로 드러눕고 싶었다. 하지만 마우스피스가 되어 나를 지켜줄 것이 '연금'이라는 것도 잊지 않았다. 단언컨대 부동산, 창업, 비트코인에 미리 눈뜨지 못한 월급쟁이의 노후는 연금이 전부다. 25년 넘게 불입한 연금저축펀드, 연말 정산을 위해 추가 불입했던 IRP, 회사 퇴직연금 DC 그리고 친구 부탁에 가입한 변액연금까지. 갓 태어난 망아지처럼 후들거리는 두 발이지만 다시 나를 일으켜 세워줄 것은 결국 연금뿐이다.

그러고 보면 나는 운이 좋았다.

첫째, 지금까지 20년 넘게 꾸준하게 연금을 납입해 온 것이다. 돌이켜보면 중간에 몇 번이나 연금을 해지해서 아파트나 다른 투자 자금으로 쓸까도 고민했다. 이제와서 큰 버팀목이 되는 것을 보면 그때 그대로 두길 참 잘했다는 생각이 든다.

둘째, ETF를 배우고 ETF와 일한 것은 축복이었다. 변화하는 시장을 이해하려고 애썼던 노력은 투자의 기초 체력을 길러주었고 자기 주도적인 투자를 하도록 도와주었다. 수익이 나면 기쁘고 손실이 나면 반성하고 복기하면 되었다. 내가 선택한 것이기에 결과도 내 것이었다. 다른 이를 의지하거나 탓할 필요가 없었다.

셋째, 대부분의 금융상품을 다뤄보며 투자에 관한 이해의 폭이 넓어졌다. 증권사와 운용사를 거치며 주식, 채권, ELS, 공모펀드, 헤지펀드, 부동산과 ETF까지 어지간한 상품의 장단점은 쉽게 파악할 수 있었다. 그중에서도 ETF가 가장 편리하고 다루기 쉬운 강력한 무기였다.

싸워 볼 만했다. 적어도 아직 링 위에 수건을 던질 필요는 없다고 생각했다. 나는 누구보다 이미 많은 것들을 알고 있으며 나처럼 막 퇴직한 분들에게 내가 갖고 있는 정보를 나누는 것 까지도 생각했다.

이제, 25년이 넘는 투자 경험을 여러분과 나누고자 합니다. 무엇보다 가장 소중한 연금 관리에 실질적인 도움이 되고자 합니다. ETF를 통해 연금을 모으고, 굴리고, 인출하는 노하우를 알려 드리고 싶습니다.

"가급적 쉽고 단순해야 한다. 잃지 않는 투자가 기본이 되어야 한다. 예금보다는 수익이 좋아야 한다." 나름 최소한의 전제 조건도 생각해보았습니다.

누군가에게 연금은 마지막 '경제적 보루'일 수 있습니다. 그렇다고 '주식에 장기 투자하면 가장 수익이 높으니 손실을 이겨내고 장기 투자하면 된다'며 알고도 실행하기 어려운 말씀을 드리려는 것은 아닙니다. 구체적인 상품과 방법으로 실질적인 도움이 되고자 합니다.

차츰 경험이 쌓이고 자신감이 생기게 되면 단계별로 위험과 기대 수익을 높여가며 투자하면 됩니다. 투자는 무엇보다 자기 주도적이어야 합니다. 그런 점에서 ETF만큼 효율적인 투자 수단은 없습니다.

이 책이 길잡이가 되어 연금 운용을 돕고 평안한 노후를 설계하시는 데 도움이 된다면 더 바랄 것이 없겠습니다.

김 수 한

(shkim8171@gmail.com)

이 책을 시작하기에 앞서

연금은 '중요하고 시급한 일'입니다.

일의 우선순위를 중요성과 긴급성에 따라 네 가지로 나눈 아이젠하워 매트릭스를 들어보신 적이 있을 겁니다. 네 가지 중 '중요하고 시급한 일'은 지금 당장 행동에 옮겨야 하는 것입니다. 연금이 딱 그러합니다. 그러나 대부분의 사람은 여전히 연금을 '중요하지만 시급하지 않은' 일로 먼 미래의 일로만 생각합니다. 그래서 방학 숙제처럼 노후준비를 미루기만 합니다.

특히 직장인은 매달 월급이 영원할 거라 믿습니다. 그러나 퇴직은 마치 죽음처럼 언젠가는 만날 수밖에 없는 일입니다. 누가 먼저 경험하느냐 그렇지 않느냐의 차이만 있을 뿐입니다. 그러다 보니 막상 닥치기 전까지는 나의 일로 생각하기 어렵습니다. 그러나 눈앞에 닥치게 되면 손 쓸 방법이 많지 않다는 것을 알게 됩니다. 그리고 미리 준비하지 않은 것에 후회합니다. 따라서 노후와 퇴직이라는 중요한 일에 대비하기 위해서는 미리 계획하고 준비하는 철저한 대비와 실천이 필요합니다.

낯선 금융용어에 당황하지 말자

한국의 연금 구조는 크게 1층 공적연금인 국민연금, 2층 퇴직연금, 3층 개인연금으로 구성되어 있습니다. 이 책에서는 그중에서도 3층 개인연금 중 세제적격 연금저축계좌에 속하는 연금저축펀드를 중심으로 설명해 드릴 예정입니다. 연금저축펀드는 개인이 연금을 적립하고 굴리는 데 있어서 가장 유용하고 절세 효과도 뛰어난 상품입니다. 물론 연금저축펀드를 통해 ETF(특정 지수를 추종하는 인덱스 펀드를 거래소에 상장시켜 주식처럼 거래할 수 있도록 만들었다) 투자도 가능합니다.

모으고, 굴리고, 인출하라

"모으고 굴리고 인출하라"라는 말은 연금 관리를 위한 가장 중요한 메시지입니다. 이 메시지를 가장 잘 충족시킬 수 있는 상품이 연금저축계좌입니다. 아직 연금저축계좌가 없다면 지금 당장 계좌부터 만드시길 바랍니다. 독서를 잠시 멈추시고 인터넷 검색으로 '비대면 연금저축계좌 개설'이라고 조회한 후 따라만 하면 모바일로 금방 계좌 개설이 가능합니다. 은행에서도 할 수 있고, 증권사에서도 할 수 있습니다(저는 이왕이면 증권사에서 개설하기를 추천해드립니다. 그 이유는 나중에 설명드리겠습니다.).

미루지 말고 지금 바로 하셔야 합니다. 그래야 변화가 시작됩니다. 연금은 시간과 복리의 마술입니다. 지금부터 매월 10만 원이라도 차곡차곡 모아 가는 게 핵심입니다.

이 책을 선택한 만큼, 이왕이면 ETF에 투자하는 것을 추천해 드립니다. ETF 투자는 투자의 자기 결정권을 높이고 금융체력을 키워가는 가장 좋은 방법입니다. "다른 사람 얘기 듣고 이것 저것 투자해봤지만 결과가 신통치 않았다"라고 자조 섞인 경험을 지닌 투자자라면 더더욱 ETF가 맞습니다.

투자 결정의 엔터키는 스스로 눌러야 합니다. 당장 ETF가 뭔지 모른다고 해도 크게 걱정하지 않아도 됩니다. 제가 앞으로 차근히 알려드릴 예정입니다. 인생도, 연금도, 투자도 마라톤입니다. 지금부터 저와 함께 배워나가면 됩니다.

ETF는 밀키트입니다

저는 사골 곰탕을 가장 좋아합니다. 어머니께서 만들어 주신 담백한 사골 국물에는 많은 정성과 시간이 녹아 있습니다. 좋은 사골을 골라 손질하고 핏기를 빼야 합니다. 잡내가 없도록 강한 불에서 약한 불로 바꿔가며 반나절은 끓여야 합니다. 꽤 많은 시간과 노력이 들어가는 일입니다. 그런데 요즘은 세상이 참 좋아졌습니다. 어머니의 손맛이 담긴 사골 곰탕까지는 아니지만 편리한 밀키트가 제법 그럴듯한 맛을 대신해 주기 때문입니다.

투자도 마찬가지입니다. 좋은 기업을 발굴하고 재무제표, 비즈니스의 성장성, 경영진까지 충분히 검토하고 투자하는 것이 가장 좋습니다. 하지만 누구나 쉽게 할 수 있는 일은 아닙니다. 무엇보다 우리에게는 생업이 있습니다. 투자를 업으로 하지 않는 이상 투자에 내가 쓸 수 있는 시간은 한정적입니다. 이때 필요한 것이 밀키트입니다.

내가 직접 만들지 않아도 데우기만 해도 맛있게 먹을 수 있는 밀키트 같은 상품이 바로 ETF입니다. 심심한 맛의 KOSPI나 S&P500, 조금은 진한 맛의 반도체, AI, 바이오, 2차전지 등 음식의 종류만큼이나 다양한 것이 ETF입니다. 입맛에 따라 밀키트를 골라 간단히 조리만 하면 됩니다.

ETF는 효율적인 투자 수단입니다

ETF 자체가 부를 가져다주는 요술 방망이는 아닙니다. 즉, ETF를 투자한다고 해서 바로 연금 부자가 되는 것은 아닙니다. 그러나 바람이 부는 방향에 따라 ETF를 활용하면 분명 연금부자에 조금 더 쉽고 빠르게 도달할 수 있습니다.

원하는 목적지에 가기 위해 굳이 내가 이동 수단을 만들 필요까지는 없습니다. 차나 배, 비행기 이중 하나만 고집할 이유도 없습니다. 목적지에 도달하기 위해 다양한 탈것을 이용해 루트를 만들고 속도를 조절하고 방향을 선택할 수 있는 투자 상품이 ETF입니다. ETF는 우리가 상상하는 것 이상으로 정말 다양한 상품과 투자 솔루션을 제공하고 있습니다.

이런 투자자분들께 유용합니다

연금 제도를 이해하고 나에게 맞는 연금으로 노후를 꼼꼼하게 준비하고 싶은 분, 이제껏 방치된 연금을 깨워 본격적인 투자를 하고자 하는 분, 리스크가 낮은 상품에서 리스크가 높지만 이익은 큰 상품까지 차근히 투자 경험을 쌓고자 하는 분, 생애 주기별로 맞춤 된 연금 운용 전략을 원하는 분(30대 연금 모으기, 40대 연금 굴리기, 50대 연금 인출하기)에게 필요한 내용을 담았습니다.

증권사 거래를 통한 ETF 매매

이 책에서 소개하는 ETF 상품은 증권사 HTS/MTS(홈트레이닝 시스템)를 통해서 살 수 있는 상품으로 은행이나 보험사를 통해서는 매매할 수 없는 ETF도 있습니다. 은행은 ETF 중에서도 좀 더 안정적인 상품 위주로만 매매할 수 있도록 제한해 두었기 때문입니다.

증권사를 통한 매매라면 HTS를 열고 주식처럼 실시간 호가를 확인하며 주문할 수 있지만 은행을 통해서는 펀드를 매매하는 것처럼 주문해야 합니다. 주식 투자를 해보신 분이라면 증권사를 통한 ETF 매매가 어렵지 않을 것이고, 오히려 은행이나 보험사를 통해서 매매하는 것이 불편할 것입니다. 반대로 주식 투자 경험이 없는 분이라면 은행이나 보험사를 통한 거래가 더 편할 수 있습니다. 다만, 이 책에서 소개하는 ETF 거래는 증권사 중심으로 소개하는 것임을 꼭 기억해주십시요. 다양한 ETF를 실시간으로 거래할 수 있는 증권사에서 개설한 연금저축펀드 위주로 설명했습니다.

각 장별 주요 내용

제1부. 연금에 대한 이해 높이기에서는 연금을 효율적으로 준비하는 방법에 관한 정보를 얻을 수 있습니다. 가장 먼저 연금의 다양한 종류, 제도와 활용 방법을 살펴봅니다(가장 상식 같은 기본 내용을 담고 있습니다). 국민연금, 퇴직연금, 개인연금의 차이에 대한 이해 그리고 연금의 효과적인 납입 방법, 퇴직연금과 연금저축의 투자제한 등을 살펴봅니다.

제2부. 연금으로 ETF에 투자해야 하는 이유에서는 연금으로 ETF에 투자하는 것의 장점과 필요성을 살펴봅니다. ETF 투자를 통해 자기 결정력을 높이는 과정을 설명하고, ETF와 주식 투자, ETF와 공모펀드 대비 장단점을 이해합니다. 추가로 ETF의 세금, 리밸런싱 효과, 연금 투자에 필요한 마인드 셋 등을 살펴봅니다.

제3부. 연금 투자 ETF 고르는 법에서는 본격적으로 ETF를 선택하는 구체적인 방법과 기준을 제시합니다. ETF 명칭을 이해하는 방법, 손실없는 안정적인 ETF 선택법, 대표지수 ETF 고르는 법, 해외 ETF 환율선택법, 연금 전용 TDF 투자법, 월 배당형 ETF 고르는 법 등을 알려 드립니다.

제4부. 연금 ETF 투자 실전에서는 연령별 ETF 투자법과 위험 성향별 투자법을 단계적으로 제시합니다. 30대의 ETF 연금 목돈 만들기, 40대의 연금 굴리기, 50대의 현금 흐름 만들

기 등 각 연령대별로 자산관리 방안과 투자전략을 알려드립니다. 그리고 위험 성향별로는 안전자산에서 위험자산 순으로 단계별 투자법을 안내해 드립니다.

이 책은 연금 ETF 사용 설명서가 되어 연금 투자에 실질적인 도움이 되고자 합니다. 단계별로 쉽고 안전한 투자로 시작해서 차츰 경험이 쌓이고 자신감이 생기면 위험과 기대수익을 조금씩 높여가며 투자하면 됩니다. 투자 경험이 누적되다 보면 ETF를 활용한 주체적인 투자와 자신만의 노후 설계가 가능해집니다. 이 책이 연금 운용을 돕고 평안한 노후를 설계를 위한 등대와 같은 길잡이가 되길 소망합니다.

목차

1부.
연금에 대한 이해 높이기

연금, 더는 모른 척 미룰 수 없는 것이 연금입니다. 연금에 대한 기초적이지만 꼭 알아야 할 알짜 정보를 다루고자 합니다. 본 격적인 투자에 앞서 기본기를 다지는 시간입니다. 연금 제도를 살펴보고 어떻게 투자하면 좋을지 알아보겠습니다.

1
연금에 대한 가장 흔한 오해

Q 하루 먹고 살기도 바쁜데, 무슨 연금인가요? 국민연금이 있고, 퇴직연금도 있고, 그 정도면 충분한 것 아닌가요?

A 돈은 늘 부족합니다. 아무리 알뜰하게 아끼고 저축하더라도 부족할 수밖에 없습니다. 그래서 어르신들은 한결같이 말씀하십니다. 젊었을 때 모아둔 만 원 한 장이 나이 들어서는 너무 큰 힘이 된다고요. 노후를 위해 적은 돈이라도 계획적으로 모으고 굴리는 것이 절실합니다. 국민연금, 퇴직연금만으로는 부족합니다. 개인연금에도 관심을 둬야 합니다.

오해 1 국민연금, 즉 노령연금이나 기초연금이 있으니 나라에서 알아서 해주겠지요?

2023년 국민연금 월평균 수령액은 61만 원입니다. 생활비로도 부족한 수준입니다. 혹 국민연금으로 매달 200만 원씩 받는다 해도 넉넉하다고만 볼 수는 없습니다. 여기에 사적 연금을 보태야만 비교적 안정적인 노후 생활이 보장됩니다. 직장인이라면 퇴직연금을 중간에 쓰지 말고, 잘 보존하고 여기에 개인연금을 추가로 준비하는 것을 추천해 드립니다.

오해 2 생활비 쓰고 나면 돈이 없어요. 연금 넣을 돈이 어디 있나요?

그럴수록 더더욱 연금을 준비해야 합니다. 돈이 없으니 돈을 모아야 합니다. 돈은 늘 부족합니다. 농부는 굶어 죽어도 씨앗은 베고 죽는다는 말처럼 어느 한순간 악순환의 고리를 끊어내지 않으면 안 됩니다. 큰돈이 아니어도 좋습니다. 매주 만 원씩 복권 사는 대신 한 달 5만 원씩만 모아도 좋습니다. 지금의 5만 원을 5% 복리로 20년간 연금으로 모으면 2,060만 원이 됩니다. 10만 원이면 4,100만 원, 30만 원이면 1억 2천만 원, 50만 원이면 2억 60만 원으로 의미 있는 목돈이 됩니다. 연금을 잘 관리하면 복리의 효과를 얻을 수 있습니다.

오해 3 인플레를 고려하면 몇십 년 뒤의 연금 수령액은 큰 의미는 없는 것 같아요.

말씀대로 미래 연금 수령액의 실질 가치는 지금보다 떨어질 가능성이 높습니다. 그러나 실질 가치를 미리 고민하기보다는 명목 금액 자체에 좀 더 주목해야 합니다. 쉽게 말해 노후에 단돈 10만 원이라도 나올 데가 있다면 그 자체만으로도 큰 위안이 되고 힘이 됩니다. 만일 인플레를 이기기 위해 연금보다 더 나은 투자처를 찾아 그 이상으로 준비하고 있다면 다행스러운 일입니다. 그러나 실제로는 다들 머릿속으로 계산만 할 뿐 진짜 준비하고 실행하는 사람은 드뭅니다. 저는 심플하지 않아서 그렇다고 생각합니다. 일정액을 매달 적립하고 이를 이용해 장기 투자하는 습관을 갖는 것이 가장 심플한 방법입니다.

오해 4 연금은 묶이는 돈이라 불편해요.

길게 보면 불편한 게 오히려 좋은 겁니다. 직장으로 공무원을 선호하는 대표적인 이유는 안정된 노후를 보장하는 공무원연금 때문입니다. 매월 급여의 18%를 강제로 수십 년간 연금으로 붓기 때문에 의미가 있습니다. 없는 셈 치던 돈이 쌓이고 쌓여 노후에 흥부네 제비처럼 효도하는 것입니다. 노후를 위해서는 의지에 맡기기보다 강제 저축을 해야 합니다. 만일 꼭 필요하다면 긴급 생활자금으로 인출할 수도 있고, 약관대출을 통해 융통하는 방법도 있습니다. 그러나 연금만큼은 노후를 위한 목적 자금으로 끝까지 지켜야 합니다.

오해 5 ISA(개인종합자산관리계좌)라고 있잖아요. 이 계좌가 비과세이고 만기도 3년이라 연금보다 더 낫다고 하던데…

ISA계좌는 개인의 자산 형성을 위한 마련된 계좌입니다. 반면 연금은 노후 대비가 목적입니다. 여윳돈을 연금에만 올인해서는 안되고, 자산 형성과 노후 대비라는 밸런스를 맞출 필요가 있습니다. 정부에서는 ISA 계좌의 연간 납입한도를 연 4천만 원, 최대 2억 원, 비과세 한도를 이익금의 500만 원으로 확대할 예정입니다. 그리고 연금저축계좌와 IRP(개인형퇴직연금)는 통틀어 900만 원까지 16.5%(혹은 13.2%)의 세액공제가 가능합니다. 900만 원을 납입하면 연말정산을 통해 148.5만 원까지 환급이 됩니다. 국민의 노후 대비를 위해 연금은 출발점부터 이익을 손에 쥐여주는 상품입니다. 어떤 금융상품도 수익률을 매년 16.5%를 깔고 가는 것은 없습니다.

그동안 가지고 있던 연금에 대한 오해를 일부 푸셨다면 좋겠습니다. 지금부터 본격적으로 연금의 종류와 제도에 대해 알아보겠습니다.

2
3층 연금구조:
국민연금, 퇴직연금, 개인연금

Q 국민연금은 알겠고요. 퇴직연금도 회사 퇴직금이 적립되는 것이니 잘 알겠습니다. 노후를 위해 뭘 더해야 할까요?

A 연금저축계좌를 추천해 드립니다. 연금저축계좌는 국민연금과 퇴직연금 다음으로 꼭 챙기셔야 할 개인연금(3층) 중 하나입니다. 이 상품은 연 600만 원 한도로 연말 세액공제를 받을 수 있습니다. 특히 연금저축펀드를 선택하면 공모펀드(펀드매니저가 관리)나 ETF(내가 직접 관리)에 투자할 수 있습니다. 연금 투자로 수익도 늘리고 세금까지 아낄 수 있습니다.

연금은 종류도 많고 이름도 비슷해서 매번 헷갈립니다. 그래서 그런지 연금 제도와 상품, 세제 혜택의 차이를 정확히 알고 있는 사람은 많지 않습니다

이 책을 잡은 만큼 연금 제도를 충분히 이해하고 ETF를 이용해 연금 기초를 튼튼하게 설계해두면 좋겠습니다. 연금 투자의 골든타임은 바로 지금입니다.

3층 연금구조

우리나라 연금은 크게 공적연금(1층), 퇴직연금(2층), 개인연금(3층)으로 구분됩니다. 국가, 기업, 가계가 주체가 되는 단계적 노후 보장이라고 해서 3층 연금 구조라고 부릅니다.

1층은 국가가 보장하는 공적연금입니다. 국민연금, 공무원, 군인, 사립학교 교원, 기초연금 등이 있습니다. 공무원이나 군인, 교원 등 직역연금이 대상이 아니라면 대한민국 국민이라면 누구나 국민연금 즉, 노령연금과 기초연금의 대상이 됩니다.

2층은 퇴직연금으로 기업이 보장하는 연금입니다. 근로자나 자영업자만 가입 가능한 연금입니다. 근로자의 퇴직연금에는 DB(확정급여형), DC(확정기여형)가 있습니다. DB는 매년 쌓이는 퇴직금을 회사가 알아서 운영하는 것이고, DC는 본인이 직접 운영하는 것입니다. DB나 DC 형태로 퇴직금이

운용되다 회사를 퇴직하게 되면 퇴직급여는 IRP(개인형 퇴직연금)로 지급됩니다.

3층은 개인연금으로 개인이 스스로 노후를 위해 가입하는 연금입니다. 가진 재산이 많아 노후 걱정이 없으신 분이거나 복지가 풍성한 핀란드로 이민 갈 분이 아니라면 개인연금에 가입해서 돈을 모아가는 것이 꼭 필요합니다. 심지어 공무원, 교직원, 군인연금 대상자일지라도 개인연금에 추가로 가입하여 노후를 대비할 필요가 있습니다.

연금의 종류

구분	보장	연금종류
[1층]공적연금	국가	국민연금, 공무원, 군인, 사학연금 등
[2층]퇴직연금	기업	DB, DC, IRP
[3층]개인연금	개인	**[세제적격=연금저축계좌]** 연금저축보험, 연금저축펀드, 연금저축신탁 **[세제비적격]** 연금보험, 변액연금, 즉시보험

2층 퇴직연금(DB, DC, IRP)

퇴직연금에 대해 좀 더 상세히 살펴보겠습니다. 보통 회사에 입사하게 되면 DB나 DC를 선택하게 됩니다.

확정급여형(DB)은 회사가 외부 금융기관에 나의 퇴직급여를 예치하고, 회사가 책임지고 운용해서 운용 성과에 상관없이 정해진 퇴직급여를 지급하는 제도입니다. 즉, 내가 받을 퇴직금을 회사가 알아서 굴리는 것입니다. 대신 회사는 나에게 확정된 퇴직급여를 어김없이 지급합니다. 근로자 입장에서는 손해 볼 일도 신경 쓸 일도 없습니다.

DB형은 퇴직 전 3개월 평균임금에 근속연수를 곱해 확정 지급합니다. 따라서 임금상승률이 투자수익률을 웃돌 것이라 예상한다면 DB형이 좋습니다. 미래의 임금상승률이 예금 이자보다 높다고 예상되면 DB가 유리합니다. 퇴직할 때까지 급여가 꾸준히 오르고 장기 근속이 가능한 대기업 근로자, 이제 막 회사 생활을 하거나 아직 급여가 낮은 직급의 근로자도 급여 인상의 가능성 때문에 DB가 좀 더 유리합니다. 투자 성향으로 본다면, 원금 보장에 대한 안정성을 좀 더 중시하고 자산관리나 금융투자에 큰 관심이 없다면 DB형을 선택하는 것이 좋습니다.

둘째, 확정기여형(DC)은 외부 금융기관의 개인 계좌에 매년 퇴직급여를 예치하고 근로자가 직접 퇴직연금을 운용하는 방식입니다. 근로자가 알아서 예금이나 투자상품, ETF까지도 선택할 수 있기 때문에 추가적인 수익이나 손실을 얻을 수 있습니다. 즉, 잘하면 연금+수익까지 거두게 되지만, 관리를 잘

못하면 연금-수익이 되어 실제 받을 수 있는 퇴직급여보다 더 적은 돈을 받을 수 있습니다.

DC는 임금상승률보다 투자수익률을 높일 자신이 있는 경우에 선택하는 것이 좋습니다. 평소 자산관리에 관심이 많고 노후자금을 적극적으로 운용해서 자산 증식을 원하는 근로자라면 DC가 유리합니다. 그리고 지위가 올라 더는 급여 오를 가능성이 크지 않다거나 임금 피크 적용을 앞두고 있다면 임금 피크로 월급이 떨어지기 전에 DC로 변경하는 것이 좋습니다. DB는 직전 3개월 평균 임금으로 지급되므로 최종 임금이 줄면 그만큼 퇴직급여도 줄어듭니다.

보통 회사에서는 실무적으로 DB에서 DC 이전은 가능하지만 DC에서 DB 이전은 불가능합니다. 따라서 DB든 DC든 선택에 신중을 기할 필요가 있습니다.

마지막으로, IRP는 근로자가 퇴직 시 퇴직급여를 지급 받는 계좌를 말합니다. IRP 계좌는 은행, 증권사 어디에서도 만들 수 있습니다. 과거에는 퇴직급여를 개인 급여통장으로 바로 입금해줬습니다. 그러다 보니 일상적으로 쓰는 생활비 등과 돈이 섞이면서 일정 시간이 지나면 퇴직금이 녹아 없어지는 일이 많았습니다. 퇴직급여가 IRP로 이체되더라도 퇴직소득세를 납부 후 현금화할 수 있습니다. 그러나 정부는 퇴직급여를 노후 자금으로 이용하도록 IRP에 입금된 퇴직급여를 중간에 찾지 않고 55세 이후 연금으로 수령하면 퇴직소득세를 70% 감면해 주고 있습니다. 그래서 가급적 깨지 말아야 합니다.

3층 개인연금(세제적격 및 세제비적격)

연금 관련 세미나에 가면 꼭 여쭤 봅니다.

"노후 대비로 어떻게 준비하고 계신가요?"

"금융상품으로는 어떤 것에 가입하고 계신가요?"

자신 있게 연금보험에다 변액연금, 종신보험까지 얘기하는 분도 있고, 어떤 분은 개인연금을 가입해서 펀드와 ETF에 돈을 넣고 있다고 하시는 분도 있습니다. 회사에서는 퇴직연금으로 DC로 전환했고, 이직하면서는 IRP를 개설해서 그곳으로 적립금을 쌓아간다고 하시는 분도 있습니다. 혹자는 "내가 이제껏 세금 꼬박꼬박 내고 살았으니 노후에는 나라가 지켜 줘야지 국민연금이 있으니 걱정할 거 없다"라고 목소리 높여 얘기하는 분도 있습니다.

그런데 여기서 꼭 짚고 넘어가야 할 게 있습니다. 바로 2023년 국민연금 평균수령액은 61만 원이라는 사실입니다. 이 돈으로 과연 노후에도 각종 공과금과 관리비 등을 내면서 살아갈 수 있을까요? 사실 생활비로 쓸 돈도 안 될 것 같습니다. 즉, 국민연금만으로는 노후자금이 턱없이 부족하다는 뜻입니다. 퇴직금이 있지 않느냐라고 하시는 분도 많겠지만, 상당수 분은 이직하면서 또는 이런저런 이유로 퇴직금을 써버리는 경우가 많습니다. 그래서 꼭 필요한 것이 1층 국민연금, 2층 퇴직연금 보장에 이은 3층 개인연금입니다.

개인연금은 연말정산 세제혜택 가능 여부에 따라 세제적격과 세제비적격으로 나눕니다. 세제적격, 말이 좀 어렵습니다. 연말 세액공제를 받을 수 있는 자격을 갖춘 연금이라는 뜻입니다(대신 연금 수령때 연금소득세 5.5%을 내야 함). 반대인 세제비적격은 연말 세액공제를 받을 수 없는 연금이라고 생각하시면 됩니다(대신 연금소득세는 면제 됨). 세제적격 연금으로 연금저축보험, 연금저축펀드, 연금저축신탁이 있습니다. 세제비적격 연금에는 연금보험, 변액연금, 즉시보험이 있습니다.

이름들이 비슷해서 헷갈릴 수도 있어서 쉽게 구분되도록 세액공제를 받을 수 있는 상품에는 '저축'이라는 글자가 포함되어 있습니다. 즉, 연금저축보험은 연금저축계좌로 세액공제 대상이지만 연금보험은 '저축'이라 빠져 있으니 세액공제 대상이 아닙니다.

2층 퇴직연금(IRP)과 3층 연금저축계좌의 차이

IRP와 연금저축계좌 모두 세액공제 혜택이 있으니 둘 중 하나만 잘 운영하면 되지 않느냐, 라고 질문하는 분이 있습니다. 하지만 IRP는 태생이 퇴직연금이다 보니 다양한 상품으로 운용하는 것에 한계도 있고 인출하는 데도 제약이 큽니다. 반면 개인 연금 중 연금저축계좌는 연금을 "굴리기" 위한 용도로 만든 상품이기 때문에 다양한 연금 상품으로 가입이 가능하고 운용도 무척 자유롭습니다. 노후를 위한 여유자금 적립과 이를 불리기 위한 목적이라면 연금저축계좌 중에서 콕 찍어 "연금저축펀드"를 추천드립니다. (3층 연금저축계좌는 동일 금융기관이라도 복수의 상품 가입이 가능하지만, 2층 IRP는 금융기관별로 하나만 개설할 수 있습니다.)

두 상품에 대한 자세한 차이는 아래 표로 갈음하겠습니다.

IRP Vs 연금저축펀드

구분	IRP	연금저축펀드
가입대상	소득이 있는 자, 퇴직 일시금 수령자	제한 없음
납입한도	합산 총 1,800만 원(ISA 만기자금 별도)	
세액공제 한도	연금저축과 합산하여 최대900만 원	600만 원
세액공제율	총 급여액 5,500만 원(종합소득금액 4,500만 원) 이하 16.5%, 초과 13.2%	
연금수령조건	만 55세 이상, 가입기간 5년 이상	

연금수령	퇴직급여: 퇴직소득세율의 70%(11년 차 이후 60%) 운용 수익 및 세액공제 받고 저축한 부담금 3.3%~5.5%	
연금 외 수령	퇴직급여 : 퇴직소득세 운용 수익 및 세액공제 받고 저축한 부담금 : 16.5% 세액공제 받지 않고 저축한 부담금 : 비과세	
상품운용	원리금보장상품 및 실적배당상품	연금저축펀드: 실적배당상품(펀드/ETF)
중도인출	중도 인출 어려움 (법적 사유로 제한)	세액공제 비대상 원금 인출 가능
수수료	계좌관리수수료: O 매매수수료: X	계좌관리수수료: X 매매수수료: O

정리 한번 해보겠습니다

1층 공적연금인 국민연금은 만 18세 이상 만 60세 미만의 소득이 있는 국민이라면 의무가입대상으로 강제성을 띠고 있습니다. 2층 퇴직연금은 근로 소득자를 위해 제한적으로 가입 가능한 연금입니다. 3층 개인연금은 노후를 대비하는 대한민국 국민이라면 누구나 가입할 수 있습니다. 의무적인 것은 아니고 선택 사항입니다. 1층과 2층만으로는 노후 준비가 부족합니다. 그래서 정부도 다양한 세금 혜택을 주면서 3층 개인연금 가입을 장려하고 있습니다.

개인연금의 대표격으로 우리가 이 책에서 얘기할 ETF 투자가 가능한 상품이 연금저축펀드입니다. 아직 가입하고 있지 않다면, 지금이라도 계좌를 개설해서 얼마라도 적립해보길 추천해 드립니다.

가입은 간단합니다. 증권사나 은행사 앱을 설치해서 지금 바로 비대면으로 가입하면 끝입니다. 10분도 채 걸리지 않습니다. 행복한 노후의 시작은 이것부터입니다.

간단 요약 및 활용 팁

• 연금은 크게 공적연금, 퇴직연금, 개인연금 3층 연금구조를 갖고 있다.

• 노후 대비를 위해 연금저축계좌(연금저축펀드)를 1순위로 고려하는 것이 좋다.

• 연금저축펀드는 연말 세액공제는 물론이고, ETF나 펀드 투자를 통해 수익을 높일 수도 있다.

3
연금저축보험과 연금저축펀드

Q 저는 지인 소개로 연금저축보험에 들었습니다. 근데 연금저축펀드가 더 좋다고 하니 보험을 해지하고 옮겨야 하는지 고민이 됩니다. 어떻게 하는 게 좋을까요?

A 연금저축보험이나 연금저축펀드는 각각의 장단점이 분명합니다. 먼저 나에게 어떤 것이 맞는지 파악부터 할 필요가 있습니다. 연금저축보험은 보험사가 알아서 관리해주는 것입니다. 대신 꼬박꼬박 빼먹지 않고 납입해야 합니다. 연금저축펀드는 반대로 내가 알아서 관리하는 것입니다. 그래서 자율성이 높습니다. 하지만 자율성으로 인해 잘못된 투자를 하게 되면 원금을 잃을 수도 있습니다.

노후 대비로 개인연금에 가입하는 것이 중요하고, 개인연금 중에서는 세액공제 혜택이 있는 연금저축계좌를 추천해 드렸습니다. 여기에는 연금저축보험과 연금저축펀드가 있습니다. 둘 중 어떤 것이 좋을까요? 앞서 여러 번 강조했는데 대략 눈치채셨겠죠? 저는 "연금저축펀드"를 추천해 드립니다. (연금저축신탁은 2018년부터 판매가 중지되어 신규 가입을 할 수 없습니다.)

연금저축계좌 중 연금저축펀드에 가입하자

사실, 연금저축보험이든 연금저축펀드든 무엇을 갖고 있든 없는 것보다는 백 번 천 번 낫습니다. 2022년 연금저축계좌 가입자 수는 약 706만 명(금융감독원 통계)입니다. 따라서 연금저축계좌를 만들고 납입만 하면 대한민국 5천만 명 중 15%에 속하게 됩니다. 반대로 말하면 아직도 75%는 연금저축계좌를 갖고 있지 않다는 뜻입니다.

또한 연금저축 납입 총액 160조 중에 연금저축보험 113조 〉 연금저축펀드 23조 〉 연금저축신탁 16조 〉 기타 7조로 연금저축보험 가입금액(71.1%)이 압도적으로 높습니다. 통계만 보자면 연금저축보험으로 가입하는 것이 모범 답안이라 생각할 수 있습니다. 하지만 저는 다시 한번 강조하지만 '연금저축펀드'를 추천해 드립니다.

먼저, 연금저축보험부터 살펴보겠습니다. 연금저축보험의 적립 금액이 가장 많은 데에는 그만한 이유가 있습니다. 첫째, 연금은 너무 먼 미래의 일로 느껴져 젊을수록 준비하기가 어렵습니다. 그러다 보니 스스로 알아보고 가입하기보다는 보험사의 적극적인 마케팅에 이끌려 가입한 경우가 많습니다. 저도 취업하고 얼마 되지 않아 친구의 권유로 연금저축보험에 가입했습니다. 종신보험도 아니고 연말정산에 되돌려받는 저축이라는 말에 친구의 권유를 뿌리치기 어려웠습니다. 게다가 2000년 초 시중 은행의 정기예금 금리는 7%, 정기적금은 10% 수준이었습니다. 굳이 투자가 아니어도 적립만 잘해도 부자가 될 수 있던 시절이었습니다. 그리고 꼬박꼬박 납부하지 않으면 해약이 되는 보험의 특성도 한 몫 했습니다. 이런 이유로 연금저축보험의 규모가 압도적으로 커지게 된 것이 아닐까 생각합니다.

그러나 지금은 상황이 많이 달라졌습니다. 과거보다 이자율은 낮아졌고, 그에 비해 보험 사업비(보험 설계사 수당 등이 포함됩니다)는 상대적으로 높아졌습니다. 그러다 보니 약 5~7년 이내 해지를 하면 납입한 원금도 돌려받지 못합니다. 게다가 계약도 경직되어 있습니다. 정기 납입만 가능하고 납입을 중단하면 효력을 잃게 됩니다(보험료 납입 일시중지제도가 있긴 합니다). 그리고 자칫 연말정산 환급분 모두를 다시 과세 받아 세금 폭탄을 맞을 수도 있습니다. 연금 수령 방법이나 금액도 증권사에 비하면 보험은 제한적입니다.

이런 이유 등으로 최근에는 연금저축펀드의 가입자 수가 연금저축보험보다 압도적으로 증가하고 있습니다. 좀 더 편안하고 자율적으로 자신의 연금을 굴리고 싶다는 분이 많아졌습니다. 과거보다 훨씬 다양해진 투자 정보도 한 몫 했습니다.

하지만 연금저축펀드에 곱지 않은 시선을 보내는 이들도 있습니다. "노후 대비 연금인데 투자 상품을 잘못 고르면 오히려 손해만 나고 머리만 아프건 아니냐" "펀드 투자해서 재미 본 사람 있느냐" 이런 말은 꽤 설득력 있게 들립니다. 주변을 살펴보면 펀드 가입을 잘 해서 이익 봤다는 사람보다 손해 본 사람이 더 많은 것 같습니다. 물론 전체적으로는 수익이 났다 하더라도 한두 상품의 손실에 따른 마음의 상처가 더 큰 것이 원인일 수도 있겠습니다.

그런데 알고 보면, 이런 우려를 불식시킬 수 있는 안전하면서 정기예금 이상의 수익을 기대할 수 있는 상품이 꽤 많습니다. 그런 안정적인 상품에 먼저 투자하면 됩니다. 이 책에서는 연금으로 투자 가능한 안정적인 상품을 가장 먼저 소개할 예정입니다.

연금저축이전제도의 활용

"대세가 연금저축보험보단 연금저축펀드라면, 기존에 연금저축보험을 갖고 있는 사람은 어떻게 해야 하나요?"

이런 질문이 나올 때가 되었죠? 일단, 가입한 연금저축계좌가 보험인지 펀드인지부터 정확히 확인해봅니다(의외로 잘 모르고 있는 분들이 많습니다). 보험사에서도 연금저축펀드에 가입할 수 있고, 은행이나 증권사에서도 연금저축보험에 가입할 수 있기 때문에 내가 어느 금융사를 이용했는지만 갖고서는 펀드인지 보험인지 헷갈립니다. 이럴 때는 가입 회사 콜센터로 직접 전화해서 문의하는 것이 가장 정확합니다.

확인했더니 내가 가입한 상품이 연금저축펀드가 아니라 연금저축보험입니다. 그러면 납입을 그만둬야 할까요? 아닙니다. 하나씩 따져볼 필요가 있습니다.

우선 연금저축이전제도를 활용하면 연금저축보험에서 연금저축펀드로 이전할 수 있습니다. 그러나 이전을 결정하기 전에 몇가지 조건을 살펴봐야 합니다.

첫째, 보험의 특성상 약 7년 이내에 이전하면 연금저축보험의 이전 금액이 납입 원금보다 작을 가능성이 높습니다. 다만, 해지가 아닌 연금이전제도를 이용하는 것이라 추가적인 세금은 발생하지 않습니다. 둘째, 연금저축보험에는 최저보증이율 제도라는 게 있습니다. 시중금리와 관계없이 최저 이자율 이상의 수익을 지급하겠다는 보험사의 약속입니다. 저금리 기조에서 최저보증이율이 4~5% 이상으로 높다면 로또보험일 수 있습니다. 이건 그냥 두는 것이 좋습니다. 내가 가입한 보험의 최저보증이율이 어떻게 되는지는 계약한 보험사에 문의하는 것이 가장 정확합니다. 마지막으로 연금저축펀드는 투자자가 스스로 상품을 선택하고 관리해야 합니다. 투자 역량과 투자 마인드를 갖춘 후에 이전하는 것이 좋습니다. 스스로 충분하지 않다고 생각한다면 그냥 두는 것이 낫습니다.

참고로 연금이전은 연금저축보험에서 연금저축펀드로의 이전만이 가능한 것이 아니라 판매사 간의 이전도 가능합니다. 즉, 은행에서 증권으로 계좌를 이전하거나 A 증권사에서 B 증권사의 이전도 가능합니다.

스스로 관리하고 운용하는 것

연금저축보험이 단점만 있는 것은 아닙니다. 장점도 있습니다. 일단 관리가 편리합니다. 납입만 잘하면 보험사에서 알아서 투자하고 연금 수령액도 꼬박꼬박 자동으로 챙겨줍니다. 종신형을 선택하게 되면 금액이 적더라도 연금을 평생 받을 수도 있습니다. 괜히 이것저것 신경 쓰고 싶지 않다면 연금저축보험에 가입하는 것만으로도 잘하는 일입니다.

그럼에도 노후를 적극적으로 준비하시는 투자자라면 연금

저축펀드를 하나 더 만드시는 것을 추천해 드립니다. 연금보험과 별도로 납입해도 되고 연금저축보험 납입액을 줄일 수 있다면 줄여서 연금저축펀드로 추가로 불입해도 좋습니다.

가수 이효리씨는 졸업식 축사에서 "웬만하면 아무도 믿지 마라. 인생은 독고다이다"라고 말했습니다. 또 애플의 스티브 잡스는 스탠포드 졸업식에서 "Stay hungry, stay foolish"라는 명언을 남기며 우직하게 탐구를 지속해야 한다고 강조했습니다. 주체적이며 독립적인 태도 그리고 끈기와 책임감을 강조하는 것은 연금저축펀드 운용과 닮았습니다. 연금저축펀드는 위험을 감수하더라도 스스로 쌓아온 역량을 믿고 투자상품을 골라 투자하며 운용 수익을 높이는 것이 핵심입니다. 즉, 내 돈을 내가 직접 책임지는 태도입니다.

이 책에서는 스스로 연금을 관리하고 운용하는 방법에 초점을 맞췄습니다. 그중에서도 연금저축펀드에서 ETF에 투자하는 방법에 대해 집중적으로 말씀드릴 예정입니다. 아직 스스로 투자 결정이 어렵다고 판단되시면 이 책을 찬찬히 읽은 후, 그때 가서 보험이든 펀드든 다시 결정해도 늦지 않습니다.

저는 개인적으로 연금저축보험이 5년째 되던 해 연금저축보험에서 연금저축펀드로 이전했습니다. 일부 원금을 손해 보긴 했지만, 연말정산으로 세액공제를 받았으니 꼭 잃은 것만은 아니라고 생각합니다. 현재는 연금저축펀드에서 ETF 중심으로 투자하고 있습니다.

원금손실을 일부 고려하고 또한 직접 상품을 선택할 용기만 있다면 연금저축으로의 이전은 빠르면 빠를수록 좋다고 생각합니다. 매몰 비용을 줄이고 투자기간을 늘릴 수 있기 때문입니다.

간단 요약 및 활용 팁

- 연금저축계좌 중에 연금가입자가 가장 많이 선택한 상품은 연금저축보험이다.
- 연금저축계좌로는 연금저축펀드를 추천한다. 연금저축펀드는 투자 수익률을 높일 수 있고 관리 비용도 낮다. 게다가 납입도 자유로우며 무엇보다 ETF에 투자할 수 있다.
- 기존 연금저축보험 가입자라면 연금저축이전제도를 활용해 연금저축펀드로 이전할 수 있다.

4
연금 납입에도 순서가 있다

Q 저는 회사원인데요. 매달 일정 금액을 연금으로 적립하고 있습니다. 그런데 세금 혜택을 최대한 받으면서 적립을 하고 싶은데, 그러려면 어디에(어떤 계좌, 어떤 상품) 얼마씩 예치하는 것이 가장 좋을까요?"

A 1년 기준 연금저축펀드 600만 원 그리고 IRP에 300만 원 납입하는 걸 추천합니다. 좀 더 여유가 되시면 연금저축펀드 계좌를 하나 더 만들어 900만 원을 추가로 납입하면 좋습니다.

노후를 위해 연금을 쌓아가기로 마음먹었다면, 어디에 얼마를 넣는 것이 가장 좋은지, 한 번 따져보겠습니다. 직장인이라면 연금저축계좌 이외에도 IRP의 추가 불입도 가능합니다. 연금의 세제혜택을 최대한 누리고, 만약에 있을지 모를 중도 인출에도 대비하고, 다양한 투자 기회를 활용할 수 있는 최적의 방법을 모색해 보겠습니다.

연말정산을 최대까지 받고 싶어요 ⋯ 연금저축펀드 600만 원, IRP에 300만 원 납입

연말정산 세액공제 한도인 900만 원까지 연금으로 납입할 수 있다면 IRP에 300만 원, 연금저축펀드에 600만 원 납입을 추천합니다. 이렇게 해서 총 900만 원을 납입하게 되면 연말 세액공제로 최대 148만 원(16.5% 기준)을 환급받을 수 있습니다. 그런데 저축 여력이 900만 원이 안 된다면 연금저축펀드에 우선적으로 불입하고 남는 금액을 IRP에 납입하는 것이 좋습니다.

사실 IRP에 900만 원을 추가 납입해도 연말정산 세액공제 혜택은 동일합니다. 그럼에도 연금저축펀드에 우선 납입하는 것은 IRP에 비해 중도인출 조항이나 투자 가능한 상품이 상대적으로 유연하기 때문입니다(이 부분은 다음 장에서 자세히 설명해 드릴 예정입니다). IRP는 퇴직연금 목적으로 만들어진 상품이기 때문에 55세 이전까지는 부분 인출이 어렵고 전액 해지만 가능합니다. IRP 한 계좌에 개인적으로 따로 추가 납입한 돈과 직장에서 받은 퇴직급여까지 합산된 상황에서 급전이 필요하다고 해서 일부 해지만 하고 돈을 찾을 수는 없습니다. 전부 해지해야만 돈을 찾을 수 있습니다. 그런데 문제는 이때 추가 납입으로 그동안 받았던 세액공제 금액까지 기타소득세로 추징될 수 있습니다. 반면 연금저축펀드는 세액공제를 받지 않은 금액만큼 언제든 부분 인출이 가능합니다.

저는 여유가 있어서 연금 납입 한도인 1,800만 원까지 납입할 수 있어요 ···▶ 연금저축펀드(1) 600만 원, IRP에 300만 원, 연금저축펀드(2) 900만 원 납입

직장인이라면 성과급이나 보너스, 자영업자라면 갑작스러운 매출 증가로 큰돈이 생겨 연금 적립액을 늘리고자 할 때가 있습니다. 이럴 땐 어떻게 납입하는 게 좋을지 한 번 정리해보겠습니다.

먼저, 연말정산 세액공제 한도가 900만 원이니 연금저축펀드(1) 계좌에 600만 원, IRP에 300만 원을 납입합니다. 그리고 추가로 연금저축펀드(2) 계좌를 개설해서 여기에 900만 원을 더 넣습니다. 연금저축펀드(2) 납입 원금은 세액공제 대상은 아니지만, 세금 없이 자유롭게 인출할 수 있다는 장점이 있습니다. 여기에 돈을 넣고 공모펀드나 ETF에 투자했다가 수익이 생기게 되면 과세이연, 손익통산, 저율과세까지 적용할 수 있어 또 하나의 절세 통장으로 이용할 수 있습니다(절세에 대해서는 뒤편에서 자세히 다룰 예정입니다).

다만, 주의할 점은 인출 계획이 있을 때 미리 해당 금융기관으로 문의한 후 연말정산 미적용 대상임을 확인한 후에 하는 것이 좋다는 것입니다. 자칫 16.5% 기타소득세가 과세될 수도 있기 때문입니다. 인출할 때는 홈택스에 들어가서 연금보험료 등 소득세액공제 확인서를 발급받은 후 금융기관에 제출하고 세액공제 미적용을 신청한 후 인출해야 의도치 않은 세금을 피할 수 있습니다.

목돈 5천 만 원이 생겼어요. ISA와 연금저축계좌 어떻게 투자하면 좋을까요?

5천 만 원 목돈은 이렇게 정리해보겠습니다. 앞에서 얘기했던 최대 1,800만 원 납입하는(연금저축펀드(1) 600만 원 + IRP 300만 원 + 연금저축펀드(2) 900만 원) 것은 동일합니다. 여기에 추가로 ISA계좌로 3,200만 원을 더 넣습니다. 추가로 고민해볼 것은 연금저축펀드(2)에 900만 원을 넣는 대신 ISA 비과세 통장에 우선 4,000만 원을 넣는 것입니다.

일종의 투자 순서의 차이인데, 아직 미혼이거나 결혼 자금과 주택마련 등의 뚜렷한 목적이 있는 돈이라면 ISA에 우선 납입하는 것을 추천해 드립니다. 그러나 지금 자금 여유가 있어서 장기 투자나 노후 목적을 먼저 생각한다면(아무래도 40대 이상이겠죠?) 연금저축펀드에 돈을 먼저 넣는 것이 좋습니다. 연금이라는 특성상 중간에 헐지 않도록 약간의 허들을 둘 수 있고, 중간에 꼭 필요하다면 세액공제를 받지 않은 원금에 대해서만 인출할 수 있으니 훨씬 돈 모으기가 유리합니다. 또 다른 이유는 연금은 공제 한도(1,800만 원)가 해가 바뀌면 다시 리셋되지만, ISA는 올해 납부하지 못한 4,000만 원을 내년에 추가로 납입할 수도 있기 때문입니다. ISA에 납입한 금액은 만기가 되면 연금저축펀드로 이전해서 추가 세액공제를 받을 수 있습니다.

ISA에 대해 조금 더 알아보겠습니다

말이 나온 김에 ISA에 대해 조금 더 알아보겠습니다. ISA는 예적금, 펀드를 포함한 다양한 금융상품을 투자하여 자산을 증식할 수 있는 개인종합자산관리계좌를 말합니다. ISA는 비과세 통장으로 계좌 내 수익 500만 원까지 비과세 혜택을 제공합니다.

개설 조건은 19세 이상 누구나 가입 가능합니다(종전에는 금융소득종합과세 대상자는 제외되었으나 개정안에 새롭게 포함될 예정입니다). 연간 납입한도는 연 최대 4,000만 으로 총 2억 원까지 납입가능(예정) 합니다. 의무가입기간은 3년으로 이후 연장도 가능합니다. 비과세 한도는 500만 원 (서민형 1,000만 원)이며, 초과시 9.9%로 분리과세 됩니다. 납입금액도 자유롭고 가입 기간 중 원금은 패널티 없이 인출 할 수 있습니다. 다만, 수익금은 만기까지 유지해야 비과세 혜택을 얻을 수 있습니다. 추가 혜택으로 3년 만기가 되어 연금 저축펀드로 이전하면 전환금액의 10%, 최대 300만 원까지 추가 세액공제를 받을 수 있습니다. 따라서 비과세 목돈 통장 으로 활용하다 만기에 연금저축펀드로 전환하여 세액공제와 노후대비 재원으로 활용하면 됩니다.

ISA계좌에는 일임형, 신탁형, 중개형이 있습니다. 일임형은 계좌개설 회사에서 알아서 운용해 주는 방식이고, 신탁형은 본인이 투자상품을 선택하는 방식입니다. 중개형 역시도 본인 이 투자상품을 스스로 선택하는 것으로 상장주식, ETF, 펀드, 채권 등에 투자할 수 있습니다.

ISA계좌는 은행뿐만 아니라 증권사에서도 만들 수 있습니 다. 연금이나 IRP는 복수 계좌 개설이 가능한 데 비해 ISA 계 좌는 전 금융권에서 단 하나만 개설 가능합니다. 정기예금을 비과세로 가입하려는 사람이 아니라면 증권사 ISA 중개형을 추천해 드립니다.

정리하면, ISA 비과세 통장은 1인 1통장을 30대 무렵 반드시 개설하여(가입 요건이 되는 분) 자산을 불려 나가다가 40대, 50대가 되어 연금저축 전환을 통해 연금자산을 늘리는 것이 좋습니다.

ISA 가입 요건 및 혜택(2024년 변경 예정)

구분	변경 전	변경 후
가입 대상	만 19세 이상 거주자 (단, 만 15세 이상은 근로소득이 있는 자)	
납입한도	연간 2천만 원(총 1억 원)	연간 4천만 원(총 2억 원)
비과세 한도	200만 원 (서민형400만 원)	500만 원 (서민형1,000만 원)
초과 이익	분리과세(9.9%) 혜택	
연금 전환	만기 연금 전환시 전환액의 10% 세액공제 (최대 300만 원 한도)	
기타	중도인출 가능 (납입원금 합계액 한도 내 가능하며, 횟수 제한 없음) 가입/ 중도해지 수수료 없음	

월 100만 원 정도를 저축할 수 있는 사회 초년생

사회 초년생(20대, 30대)에 맞춤해서 연금 준비를 한다면,

얼마 정도가 적당한지 한 번 체크해보겠습니다.

앞에서도 몇 번 얘기했지만, 사회 초년생의 경우 결혼 자금도 모아야 하고 주택 자금도 모아야 하므로 연금 적립은 너무 먼 일이라 생각됩니다. 그래서 일단은 형편이 되는 상황에서 적정한 비율로만 하는 것이 중요합니다. 월 100만 원을 가정하면 약 30만 원은 연금에, 나머지 70만 원은 ISA계좌에 적립(저축)하는 것을 추천합니다. (재산 형성을 위한 청년도약계좌 등도 있으니 이런 상품을 활용해도 좋습니다.)

월 30만 원 납입 금액이 벌써부터 필요할까 싶기도 하겠지만, 년 59만 4천 원(16.5% 가정)의 세액공제를 받을 수 있고, 향후 연 5% 복리 수익을 얻는다고 가정하면(5% 정기예금에 준하는 펀드나 ETF에 들어도), 월 30만 납입액이 20년 후 1억 2천만 원 돈으로 바뀌어 있을 수 있습니다.

자녀에게도 연금저축펀드를 개설해 줄 수 있다?

ISA, IRP, 청년도약계좌 등은 세제 혜택이 있는 대신 가입 대상에 제한이 있습니다. 반면 연금저축펀드는 남녀노소 누구나 가입이 가능합니다. 주부가 가입하더라도 연말정산 세액공제만 받지 못할 뿐 연금의 과세 혜택 3종 세트인 과세이연, 손익통산, 저율과세는 모두 챙길 수 있습니다(세금 관련해서는 뒤편에서 자세히 설명해 드리겠습니다.)

이제 막 사회생활을 시작한 자녀에서 벌써 연금이라니 한참 먼 얘기같습니다만, 연금저축계좌는 미리미리 저축하고 미래를 대비하는 습관을 만들어 줄 수 있습니다. 성인이 된 자녀가 연금저축계좌에 스스로 납입하고 돈을 계속 불려 간다면, 복리와 장기 투자의 효과를 제대로 경험하게 됩니다.

추가적인 팁을 드리자면, 연금저축펀드에서 발생하는 소득에 대해서는 건강보험료 부과 대상도 아닙니다. 만약, 연금 소득이 1,200만 원이 넘는다면 종합과세 대상이 될 수도 있겠지만, 분리과세로 전환할 수 있는 옵션도 있으니 크게 우려할 일은 아닙니다. 연금은 이른 나이에 시작한다 하더라도 여러모로 이익이 되는 선택입니다.

간단 요약 및 활용 팁

- 연금저축계좌 및 ISA 계좌 활용 방법: 연금저축펀드(1) 600만 원(세액공제) ⋯ IRP 300만 원(세액공제) ⋯ 연금저축펀드(2) 900만 원((1)(2)합쳐서 1,800만 원까지) ⋯ ISA 납입한도(연 4,000만 원 이내)
- 사회 초년생: 연금저축펀드 및 목돈 마련 밸런스(연금저축펀드 30%와 ISA 70%)
- 자녀명의/가정주부용 연금저축펀드: 노후 대비, 과세이연, 손익통산, 비상용 통장 용도

5
연금 투자 제한, 이것 만은 알고 합시다

Q 연금으로 투자할 수 있는 상품과 그렇지 않은 상품이 있다고 하던데요? 어떤 것이 있고, 왜 그렇게 제한을 두는 건가요?

A 네, 대표적으로 레버리지나 인버스 ETF는 연금으로 투자할 수 없습니다. 투자자의 노후를 준비하는 안정적 연금 운용이라는 취지에 맞지 않는 높은 위험을 지녔거나 단기 수익 목적의 ETF는 투자가 제한됩니다.

연금저축펀드와 퇴직연금(IRP, DC)에서 모든 펀드와 ETF를 투자할 수 있는 것은 아닙니다. 투자할 수 있다 하더라도 한도가 있는 것도 있습니다. 연금저축펀드보다는 퇴직연금의 투자 제한이 조금 더 엄격합니다. 이를 모르고 펀드나 ETF 매수 주문이 되지 않아 당황하는 경우도 있으니 이번 기회에 정리를 한 번 해보겠습니다.

퇴직연금(DC/IRP)에서 투자 가능 ETF(펀드)

안전자산은 100% 투자 가능합니다. 안전자산이란 분산투자로 위험을 낮춘 상품으로 대표적으로 채권형 펀드/ETF, 주식 비중이 50% 이내인 채권혼합형 펀드/ETF, 연금 전용 적격 TDF(나이대에 맞춰 위험 관리를 자동으로 해주는 연금 상품)와 원리금보장이 되는 예적금 등이 있습니다.

위험자산은 최대 70%까지만 투자 가능합니다. 바꾸어 말하면 최소 30% 이상은 위에 언급한 안전자산에 투자해야 합니다. 위험자산이란 변동성이 높은 자산으로 주식 비중이 50%가 넘는 주식형 ETF이나 주식혼합형 ETF, 하이일드채권 ETF, 파생결합증권 등이 포함됩니다.

따라서 퇴직연금을 투자할 때에는 미리 30%를 안전자산으로 채우고 나머지를 위험자산에 투자하는 것이 포트폴리오 구성에 좀 더 편리합니다.

퇴직연금(DC/IRP)에서 선물형, 레버리지, 인버스 투자 불가

IRP, DC에서는 선물형 펀드/ETF에 투자할 수 없습니다. 펀드나 ETF 명칭에 '선물'이 포함되어 있다면 투자할 수 없다고 생각하시면 됩니다. 예를 들어 TIGER 미국S&P500 ETF는 투자할 수 있지만 TIGER 미국S&P500선물 ETF는 투자할 수 없습니다. 마찬가지로 금에 투자더라도 ACE KRX금현물 ETF은 투자할 수 있지만 TIGER 골드선물(H)는 퇴직연금에서 투자할 수 없습니다.

그리고 레버리지나 인버스 ETF도 높은 위험 때문에 퇴직연금에서 투자할 수 없습니다. 예를 들어 KOSPI200선물레버리지 인버스는 연금으로 투자할 수 없습니다. 또한 역외 ETF나 국내외 개별 주식도 투자할 수 없습니다.

연금저축펀드는 퇴직연금보다 제약이 덜하다

퇴직연금과 마찬가지로 연금저축펀드에서도 레버리지, 인버스, 개별주식, 해외상장 역외 ETF는 투자할 수 없습니다. 그러나 선물형 펀드/ETF는 연금저축펀드에서 투자할 수 있습니다.

연금저축계좌 및 퇴직연금 투자 가능 상품(ETF)

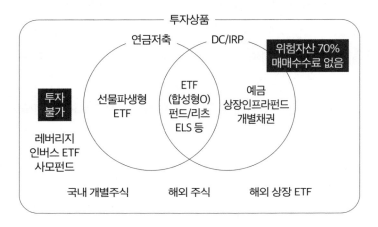

운용 제약을 감안한 퇴직연금(DC/IRP) 및 연금저축계좌
투자 활용법을 정리해보면 다음과 같습니다.

① 퇴직 연금에서는 위험자산 70% 미만(안전자산 30% 이
   상) 기준이 있다. 먼저 30% 안전자산에 투자할 내용을
   정한 후 나머지를 고민한다.
② 레버리지, 인버스, 개별주식 등은 퇴직연금과 연금저축
   펀드에서 투자할 수 없다.(연금이 아닌 ISA 계좌에서는
   가능하다.)

③ 선물형 ETF(펀드)는 퇴직연금에서는 투자할 수 없지만 연금저축펀드에서는 가능하다.

④ 정기예금이나 개별채권, 인프라펀드에 투자하려면 퇴직연금을 이용하자. 연금저축펀드에서는 투자할 수 없다.

⑤ 매매가 빈번하다면 연금저축보다는 퇴직연금을 이용하는 것이 좋다. 퇴직연금은 매매수수료가 없는 대신 계좌관리수수료가 부과된다. 반대로 연금저축펀드는 별도 계좌관리수수료는 없지만 매매수수료가 발생한다.

간단 요약 및 활용 팁

- 연금저축펀드과 퇴직연금(IRP, DC)에서는 레버리지, 인버스, 개별주식, 역외 ETF는 투자할 수 없다.
- 퇴직연금 계좌에서는 원금 손실이 클 수 있는 주식 ETF 등의 위험자산에는 70% 한도까지만 투자할 수 있다.
- 퇴직연금의 30%~35%를 먼저 채권혼합형, 채권형 등 안전자산으로 미리 채우는 것이 연금관리에 편리하다.

2부.
연금으로 ETF에 투자해야 하는 이유

1부에서 연금 제도에 대해 살펴보았습니다. 개인연금 중에서도 연금저축펀드의 장점과 활용 방법에 대해 말씀드렸습니다. '구슬이 서 말이라도 꿰어야 보배'라고 하지요. 머리로 아는 것도 중요하지만 실제 계좌를 만들고 투자를 해봐야 명칭이나 의미를 보다 정확하게 파악할 수 있습니다. 본격적인 연금 ETF 투자에 앞서 몇 가지만 더 정리하겠습니다. ETF 투자에 대해 흔히 갖고 있는 오해와 타 금융상품 대비 장단점 그리고 세금 혜택 등을 살펴보겠습니다. ETF 투자 경험이 있는 분이라면 이미 알고 있는 내용이 일부 포함됩니다.

1
연금 ETF 투자에 대한 오해

Q ETF도 일종의 주식이라던데 연금에서 ETF로 투자하는 것은 너무 위험한 것 아닌가요? 연금은 절대 잃어서는 안 되는 돈이잖아요.

A ETF는 주식이 아닙니다. ETF는 거래소에 상장되어 주식처럼 거래되는 펀드(상장지수 추종)입니다. 다시 말씀드려 모든 ETF가 주식처럼 변동성이 높고 위험한 것은 아니라는 뜻입니다. 거래 방법이 주식과 유사할 뿐입니다. ETF는 편입자산에 따라 주식, 채권, 혼합, 대체자산 등으로 다양합니다. 따라서 안정적이며 성장성이 높은 ETF를 선택하면 연금계좌의 위험은 낮추고 수익은 높일 수 있습니다.

오해 1 ETF는 주식 투자 아닌가요? 연금으로도 ETF에 투자가 가능한가요?

ETF는 주식처럼 상장되어 거래되는 상장지수 펀드입니다. 펀드임에도 거래소에 상장되어 개별 종목처럼 실시간으로 사고 팔수 있습니다. 주식을 매매하는 것과 ETF를 매매하는 것은 방법론상 크게 다르지 않습니다. 종목마다 가격이 다르긴 해도 소액으로도 매매할 수 있습니다. 매월 10만 원씩 연금저축펀드에 돈을 넣고 있다면, 이 돈으로 ETF 종목을 사면 됩니다.

오해 2 노후 대비를 위한 소중한 연금을 ETF에 잘못 투자해 손실을 볼까 두렵습니다.

ETF는 주식처럼 거래되지만 주식형만 있는 것이 아니라 채권형, 금리형 상품도 많습니다. 예를 들어, KOFR(무위험지표금리)/CD(양도성예금)/MMF(초단기 머니마켓펀드) ETF에 투자하면 원금손실 없이 매일 이자가 쌓입니다(각각의 ETF에 대해서는 3부와 4부에서 상세히 설명해 드립니다. 지금은 이런 게 있다는 것 정도만 알고 넘어가도 됩니다).

그리고 원금을 지키는 방법도 있습니다. 예를 들어, 원금 100만 원의 투자를 가정하고 5%의 이자를 지급하는 채권형 ETF에 90만 원을 투자하고 나머지 10만 원은 유망 주식형 ETF에 투자합니다. 그런데 운이 나쁘게도 주식형 ETF가 모두 손실이 난다 하더라도 채권형 ETF는 2년후 원금 90만 원에 이자 약 10만 원(90만 원×5%×2년)이 되니 합쳐서 100만 원이 되어 원래의 원금은 어떻게든 지킬 수 있습니다.

오해 3 **그래도 투자인데 정기예금 이자보다는 수익이 컸으면 좋겠습니다.**

예금처럼 특정 만기가 되면 원금과 이자를 지급하고 청산되는 ETF로 만기매칭형 ETF가 있습니다. 비슷한 만기를 갖고 있는 만기매칭형 ETF를 선택한 후 만기이자율을 정기예금 이자와 비교한 후 더 높은 상품에 가입하면 됩니다.

예를 들어, 2024년 2월 현재 TIGER 25-10회사채(A+이상) ETF는 이자가 3.9%나 됩니다. 저축은행 정기예금은 1.5년 3.6% 수준이니, 해당 ETF에 투자하면 정기예금보다 더 높은 이자 수익을 얻을 수 있습니다. 추가적으로 설명 드리겠지만 예금과 달리 추가 수익을 얻을 수 있고, 중간에 팔고 나올 수도 있습니다.

오해 4 **연금은 TDF로 투자하는 것이 좋다던데요**

TDF를 처음 듣는 분이 있을 것 같습니다. TDF는 타깃데이트펀드(Target Data Fund)의 약자로 은퇴 시점에 맞춰 위험자산과 안전자산의 투자비중을 자산배분곡선(Glide Path)에 따라 자동으로 조정해주는 자산배분 펀드입니다. 즉, 젊을 때는 위험자산 비중을 높여 수익에 초점을 맞춰 운용하다가 나이가 들어 은퇴 시기가 다가올수록 안전자산 비중을 높여 안정감 있게 운용되는 상품입니다. 크게 신경 쓰지 않고 한 번의 투자로 은퇴 시점까지 편안하게 관리할 수 있다는 장점을 갖고 있습니다.

그런데 이러한 TDF 조차도 ETF로 상장되어 있습니다. 2024년 2월 현재 기준으로 살펴보게 되면, TDF 펀드 대비 TDF ETF의 1년 성과가 더 우수합니다. 무엇보다 수수료 등 비용이 반값도 안 됩니다. 매매도 펀드보다 ETF가 더 편리합니다. 펀드는 사고파는데 열흘 넘게 걸리지만 ETF는 당일 사고팔기도 가능합니다. 그리고 3일이면 현금화가 됩니다.

다양한 ETF와 투자사례를 통해 ETF에 대한 몇 가지 대표적인 오해를 풀어 보았습니다. 이제 본격적으로 연금에서도 ETF 투자를 다른 것보다 우선으로 해야 하는 이유를 살펴보겠습니다.

2
주체적 연금 투자가 가능한 ETF

Q 연금 관리도 하면서 재테크나 경제 공부를 하는 방법이 있나요?

A ETF가 있습니다. ETF는 투자의 자기결정력을 높이는 과정입니다. 안
정적인 ETF에서부터 수익성이 높은 ETF까지 무척 다양한 상품을 갖
고 있습니다. 다양한 경제 상황에 대한 대응도 되고, 공부도 됩니다.

ETF는 정해진 지수(코스피, 코스닥, S&P500, 나스닥 등)를 추종하는 인덱스 펀드를 거래소에 상장시켜 투자자들이 주식처럼 편리하게 사고팔 수 있게 한 상품입니다. 한 종목이나 한 기업에만 투자하는 것이 아니라 최소 10개 이상의 기업에 분산투자하므로 안정성이 높습니다. 예를 들어 TIGER 200 이라는 상품은 코스피 종목 중 상위 200개 종목의 가격 움직임을 반영하는 상품입니다. 한두 종목이 아니라 200개 종목에 나눠서 투자하는 것이기 때문에 안정적입니다. 투자를 처음 시작하는 분이라면 개별 주식보다는 ETF 투자를 먼저 추천드리는 이유입니다.

우리나라는 코로나를 거치며 "개미"라 불리는 개인 투자자가 크게 증가했습니다. 유튜브 방송을 통해 대중적인 투자 전문가들이 등장한 것도 주식 투자 열풍에 한몫을 했습니다. 그와 더불어 ETF 투자도 급격히 늘었습니다. 2023년 7월 100조 원을 넘어섰고, 2024년 3월 140조 원을 넘어서며 전 세계 6위의 규모를 갖고 있습니다. 성장 속도는 전세계 1위이고, 거래대금 규모로는 세계 3위입니다. 그리고 상장된 ETF 수는 800개가 넘습니다.

연금은 ETF의 새로운 성장동력

2024년 3월 말 ETF에 투자된 140조 원 중에서 증권계좌가 아닌 IRP와 연금저축계좌에서 투자된 ETF의 규모는 약 20조 원 내외로 추정됩니다. 2019년 대비 +19조 원이 증가하며 연금 전용 대표 상품인 TDF의 규모까지도 넘어섰습니다. 그리고 증권사를 통해서만 가능하던 ETF 투자를 은행이나 보험사를 통해서도 할 수 있게 되었습니다. 이러한 추세라면 몇 년 내에 40조 원, 50조 원으로 두 배 이상 성장할 것 같습니다. 게다가 최근에는 빅데이터 기반으로 자산을 배분해 맞춤형 포트폴리오를 설계하고, 꾸준한 리밸런싱을 통해 안정적인 수익을 제공하는 로보어드바이저가 연금에 도입되면서 ETF의 활용은 더욱 증가할 예정입니다. 연금 ETF 투자의 전성시대는 이제 시작에 불과합니다.

ETF를 굳이 연금에서 투자해야 하나요?

투자에 앞서 환경 설정이 중요합니다. 일반계좌에서 ETF를 주식처럼 사고팔기를 반복하다 보면 자신도 모르게 투자의 호흡이 짧아질 수밖에 없습니다. 그러나 연금 계좌라면 좀 더 장기적인 관점에서 좀 더 여유롭게 투자할 수 있습니다. 1년 후에 쓸 돈이 아니라 10년 후 20년 후에 쓸 돈이라는 생각 때문입니다. 이처럼 여유로운 태도가 올바른 투자전략으로 이어집니다.

연금으로 ETF에 투자하는 것에도 순서가 있습니다. 안전자산 투자를 시작으로 기초를 쌓고 위험자산 투자로 점진적으로 나아가는 것입니다. 즉, 원금손실 없는 안정형, 채권형에서 점점 혼합형, 주식형, 대체 ETF 순으로 투자 경험을 가져가는 방법입니다.

주식형 ETF에 투자한다고 하더라도 대표지수(코스닥, 나스닥, 코스피, S&P 500 추종) ETF가 먼저이며, 테마형(반도체, 2차전지, 전기차, 인공지능, 바이오 등) ETF는 그다음입니다. 2차전지 시세가 불을 뿜는다고 급한 마음에 '몰빵'을 하면 반짝 좋을 수는 있지만, 자칫 내 연금 자산에 '빵꾸'가 날 수도 있습니다.

연금은 안정 지향적인 것부터 출발해서 테마까지 접근하며 공부를 해나가면서 투자의 범위를 천천히 확대하는 것이 바람직합니다.

ETF는 투자의 자기 결정력을 높이는 과정

ETF 투자는 자기 결정력을 높이는 과정입니다. 세상의 변화에 발맞춰 그에 맞는 ETF를 골라 투자하면 됩니다. 그렇게 거창할 것도 없습니다. 전 세계를 리딩하는 미국의 장기 성장성을 믿으면 S&P500 ETF에 투자하면 됩니다. 기술로 대표되는 AI와 빅테크의 혁신을 믿는다면 나스닥 ETF에 투자하면 됩니다. 지수 중심으로 투자를 해보고 뭔가 조금 시장을 읽는 힘이 생긴다면, 테마주 등으로 좀 더 공격적인 투자를 할 수 있습니다. 무엇보다 ETF는 개별 종목을 고르는 것이 아니기 때문에 주식 투자보다 안전합니다. 투자에 주어진 시간도 깁니다.

남 탓은 그만하자

2022년 말 기준 퇴직연금의 5년 평균 수익률 1.51%로 매우 저조합니다. 심지어 실적 배당형 상품은 2022년 -14%의 손실을 기록했습니다. "펀드고 ELS고 믿고 투자했는데 남는 건 손실뿐이다"라는 자조 섞인 말이 나올 수밖에 없는 상황입니다. 이 얘기는 연금을 생각만큼 잘 굴리지 못하고 있다는 방증입니다. 이 책의 편집을 담당한 출판사 관계자도 자신의 연금 수익률이 마이너스라며 펀드에 가입하면 알아서 잘 굴려줄 것 같았는데, 생각보다 그렇지 않다며 믿을 게 하나도 없다고 말했습니다.

전문가도 아니고 일반 투자자가 직접 상품을 선택하는 것은 어려운 일입니다. 그렇기 때문에 대부분의 퇴직연금은 원리금 보장형 예금으로 운용됩니다. 하지만 꾸준히 투자 연습을 하고 흐름을 보는 눈을 키우다 보면 어느 순간 경제에 대한 안목도 넓어지고 투자 내공도 길러집니다.

투자는 스스로 결정해야 후회가 없습니다. 뛰어난 화가의 명작보다 내가 그린 그림이 더욱 값지고 애착이 가는 것도 같은 이치입니다. ETF 투자는 스스로 투자 결정을 할 수 있는 힘을 길러주는 상품입니다.

간단 요약 및 활용 팁

• ETF는 투자의 자기결정력을 높이는 과정이다.

• 연금 ETF 투자에도 순서가 있다. 순서를 지켜야 자산을 지킬 수 있다. 안전자산으로 투자를 시작해서 견고하게 기초를 쌓고 위험자산 투자로 나아가야 한다.

• 즉, 안정형, 채권형, 혼합형, 주식형, 대체 ETF 순으로 경험의 축적이 필요하다.

3
ETF의 장점, 연금이 그대로 흡수

Q 증권계좌에서 ETF에 투자하는 것과 연금계좌에서 ETF에 투자하는 것은 무슨 차이인가요? 그냥 똑같이 ETF에 투자하면 되는 것 아닌가요?

A ETF는 동일합니다. 다만 그것을 증권계좌에서 투자하느냐 연금계좌에서 투자하느냐의 차이만 있습니다. 각종 수수료, 세금 등에서 연금계좌에서 투자할 때 얻을 수 있는 혜택이 훨씬 큽니다.

많은 분들이 퇴직연금을 투자로 키울 생각은 잘 못하시는 것 같습니다. 입사 때 결정했던 DB형 가입이 많기 때문이기도 하고, DC라고 하더라도 퇴직금을 잃어서는 안 된다는 강박으로 대부분은 정기예금과 같은 원리금보장형 상품으로 운용하는 게 현실입니다. 이 책에서 거듭 주장하는 한 단계 더 나아가는 투자, 연금저축펀드에 가입하고 ETF에 투자하는 것을 마치 전문가만이 할 수 있는 것으로 생각합니다.

일종의 고정관념입니다만 ETF도 주식처럼 거래되다 보니 변동성이 크고 위험한 것으로 오해하는 투자자가 꽤 많습니다. 그게 아니라는 것은 이미 말씀드렸지요. ETF는 편입자산에 따라 주식, 채권, 원자재, 대체 자산 등으로 다양하고 그에 따른 위험 수준 또한 천차만별입니다. 원금 손실 가능성이 거의 없는 상품도 있습니다. 그러니 정기예금보다 이자가 더 높다면 마다할 이유가 없습니다.

주식과 ETF의 차이점과 유사점

연금으로 ETF를 투자하기에 앞서 주식과 ETF의 개념을 비교해서 말씀드리겠습니다.

첫째, ETF 매매는 주식 매매와 똑같습니다. 연금으로 ETF 매매를 하는 것도 주식을 매매하는 것과 다르지 않습니다.

둘째, ETF는 분배금을 지급합니다. ETF의 분배금은 주식의 배당금과 똑같습니다. 형식상으로 보면, 회사 이익을 주주에게 배분하는 것이 배당이라면 분배금은 ETF 운용 수익을 투자자에게 배분하는 것입니다. 다만, ETF 운용 수익 중 주식 배당, 채권 이자, 부동산 임대 수익, 옵션 프리미엄 등이 분배금 재원으로 활용되지만 자본 차익은 제외됩니다. 또한 분배금 주려고 일부러 원금을 털어서 배당하는 일도 없습니다. 그래서 ETF는 시장 등락 크게 연동되지 않으면서도 비교적 안정적인 분배금을 얻을 수 있는 상품입니다.

분배금을 나눠주는 시기는 상품에 따라 월, 분기, 년 등 다양합니다. ETF는 주식처럼 거래되므로 지급기준일 2일 전(권리일)까지는 ETF를 매수해야 분배금을 받을 수 있는 권리가 생깁니다. 지급 기준일 전일인 분배락일에는 실제 분배금만큼 가격 조정이 일어납니다. 분배금의 계좌 입금은 지급 기준일 이후 7일 이내지만 보통은 2~3일 내에 입금됩니다.

분배금을 지급하지 않은 ETF는 명칭에 TR(Total Return)이 붙어있습니다(ETF 명칭에 대해서는 뒤에서 세세하게 설명하겠습니다). ETF의 분배금 지급 시기와 지급 금액 등 분배금 관련 정보는 운용사 홈페이지나, ETF CHECK, SEIBRO 사이트 등에서 확인 가능합니다.

셋째, ETF도 주식처럼 상장폐지가 될 수 있습니다. 상장 폐지가 되면 갖고 있던 주식은 휴짓조각이 되어 투자금 전액을 날리게 됩니다. 하지만 ETF라면 크게 걱정할 일이 없습니다. ETF는 상장 폐지가 결정되더라도 해당 시점의 평가액만큼 현금으로 돌려받기 때문입니다. 주식의 상장폐지는 대부분 경영 부실 때문이지만 ETF의 상장 폐지는 조금 다릅니다. 운용 규모가 작아져서 정상적인 운용이 어렵거나 할 때 상장 폐지될 가능성이 높습니다. 그래서 50억 원 미만의 ETF에는 될 수 있으면 투자하지 않는 것이 좋습니다. 적어도 100억 원 이상, 해외 ETF라면 300억 원 이상으로 운용 규모가 어느 정도 되는 것에 투자하는 것이 좋습니다. 또 다른 상장 폐지 이유는 ETF가 기초 지수를 제대로 반영하지 못할 때입니다.

그리고 상장 폐지가 된다 하더라도 ETF 보유 자산이 공중분해되어 사라지는 것은 아닙니다. 상장폐지 전 매도할 수 있고, 그냥 두더라도 해지상환금 형태로 현금 입금됩니다.

일반 투자자라면 개별 주식보다는 ETF가 유리

"건초 더미에서 바늘을 찾지 말고 건초 더미 전체를 사라"라는 존 보글의 말처럼 ETF 투자는 개별종목 투자의 단점을 한꺼번에 해결해 줍니다.

첫째, ETF는 종목 선택의 고민을 덜어줍니다. 한두 종목을 족집게처럼 고르는 것은 매우 어렵지만 유사한 성격의 종목들을 한꺼번에 선택하는 것은 상대적으로 수월합니다. 둘째, 시장 트렌드의 변화에 쉽게 대응할 수 있습니다. 2차전지의 성장이 예상된다면 개별종목인 에코프로가 아니더라도 2차전지 ETF에 투자할 수 있고, AI 성장이 예상된다면 엔비디아가 아니더라도 필라델피아 반도체 ETF에 투자하면 위험과 손실 가능성을 줄여서 투자할 수 있습니다. 셋째, 리스크 관리가 쉽습니다. ETF는 분산투자와 자동 리밸런싱으로 우량종목으로 알아서 변경되고 관리됩니다.

이렇게 좋은 점이 많은데, 안 할 이유가 없겠죠. ETF 장점을 연금 투자에서도 그대로 가져와 누릴 수 있습니다.

간단 요약 및 활용 팁

- 모든 ETF가 주식처럼 변동성이 높은 것은 아니다. 안정적인 ETF도 있다.
- ETF도 주식처럼 거래소에 상장되고 상장폐지가 된다. ETF는 주식의 배당처럼 분배금을 지급한다.
- 개미라면 개별 주식 투자보다 ETF 투자가 유리하다.

4
펀드보다 쉽고 편리한 ETF

Q ETF나 공모펀드나 알고 보면 똑같은 펀드 아닌가요? 연금으로 공모 펀드에 투자하는 것 대비 ETF에 투자하는 것이 어떤 점에서 좋은 건 가요?

A ETF는 쉽고 투자가 편리하며 비용도 합리적입니다. 무엇보다 내가 주체적으로 운용할 수 있고 성과 분석도 명확합니다. 시장 환경 변화 에 발 빠르게 대처할 수 있다는 것도 큰 장점입니다.

ETF가 본격적으로 등장하기 전에는 투자상품 중 공모펀드(펀드매니저가 관리)가 연금 투자의 대부분을 차지하고 있었습니다. 그러나 몇 년 전부터 DC, IRP, 연금저축에서 ETF(내가 직접 운용)가 공모펀드를 압도하며 초고속 성장을 거듭하고 있습니다. 2024년 3월 말 현재 약 20조 가까운 연금이 ETF에 투자되고 있습니다. ETF가 연금 투자 상품으로 주목받는 이유는 무엇일까요?

ETF가 공모펀드를 대체하고 있다

연금저축계좌에서 투자할 수 있는 공모펀드는 소액, 분산 투자가 가능하고 상대적으로 안전하다는 점에서 저금리 환경 아래에서 대표적인 간접 투자수단으로 여겨져 왔습니다. 투자 지식이 부족하거나 투자 정보를 발굴할 여력이 없는 일반인에게는 전문가가 맡아 운용하는 펀드는 유용한 투자수단으로 연금 투자의 정석과 같았습니다. 이에 비해 ETF는 대표지수를 추종하는 패시브(수동적, 안정적) 상품으로 저렴한 보수를 지닌 인덱스 펀드의 대체재에 불과했습니다. 그랬던 ETF가 폭발적인 성장을 보이며 공모펀드를 집어삼키고 있습니다.

첫째, ETF 상품이 대표지수 중심에서 섹터, 테마, 해외, 대체자산으로 확장되고 상품이 다양해졌기 때문입니다. 둘째, SNS의 발달로 정보의 확산 속도가 빨라졌고 생성 채널 또한

다각화되었기 때문입니다. 결과적으로 전문가와 일반인 사이의 정보 격차가 줄어들어 투자자가 쉽게 투자 상품을 선택할 수 있게 되었습니다. 셋째, 몇몇 금융사건 등으로 간접 투자에 대한 신뢰가 떨어진 것도 펀드와 멀어지게 된 이유가 됩니다. 다른 사람(펀드매니저)에게 맡겨서 손해 보느니 스스로 투자를 결정하고 책임지는 직접 투자를 하겠다는 의견이 더 많아진 것입니다.

ETF가 공모펀드 대비 장점

좀 더 구체적으로 ETF가 공모펀드 대비 어떤 장점을 갖고 있는지 살펴보겠습니다.

첫째, 투명합니다. HTS에서 어디에 얼마의 비중으로 투자하고 있는지 포트폴리오를 실시간으로 확인할 수 있습니다. 비중이나 종목의 변경도 사전에 지정된 방법으로 바뀝니다. 이에 비해 공모펀드는 종목이나 비중 변경이 펀드매니저에 의해 자의적으로 결정됩니다. 둘째, 편리합니다. 장중 언제든 사고팔 수 있고 주식처럼 3일이면 현금 인출이 가능합니다. 그러나 공모펀드는 매수, 매도에 며칠씩 걸립니다. 어떤 해외펀드는 환매하면(매도하면) 보름이 넘어야 현금을 만질 수 있습니다. 셋째, 쉽습니다. 상품명만 보고도 한눈에 내용을 파악할 수 있습니다. 한마디로 직관적입니다. 반면 공모펀드는 이름이 복잡합니다. 이름만 봐서는 어디에 어떤 내용으로 투자되는 펀드인지 알 수가 없습니다. 넷째, 비용이 저렴합니다. 예를 들어, 거의 유사한 상품인 유리필라델피아반도체인덱스증권자투자신탁H[주식]Ce(공모펀드)가 1.15%의 총보수를 갖고 있는 데 비해 TIGER 미국필라델피아반도체(ETF)는 0.49%에 불과합니다. 다섯째, 성과 분석이 명확합니다. ETF는 기초 지수가 정해져 있어 어떤 종목이 얼마나 성과에 기여했는지 명확하게 분석할 수 있고 시장 상황에 따른 미래의 성과도 짐작할 수 있습니다. 그러나 공모펀드는 벤치마크 대비 높은 수익을 목적으로 하다보니 성과가 들쭉날쭉해 예측이 어렵습니다.

ETF VS. 공모펀드

구분		ETF	공모펀드
투명성	포트폴리오	실시간 공개	1개월 전 공개
	종목 변경	지수방법론, 리밸런싱	운용역 임의, 자의적
편의성	유동성	실시간 매매(T+2결제)	환매기간(3~15일)
	체결 가격	장중 다양	단일가
	최소 매매	1주 금액	없음
	자동 매수	불가	가능

상품	상품명	직관적	다소 복잡
	상품 다양성	해외, 테마, 채권 확대	다양(헤지펀드/대체)
비용	총비용	낮음	높음
	세금	손실 시 세금 없음	손실 시 과세 가능
	비과세	국내주식형/일중매매	국내주식 매매차익
성과 분석	투자 성과	기초지수(BM) 추종	초과 수익(손실) 가능
	성과 분석	명확(시장변동)	불명확 (시장+운용판단)
	상품 선정	쉬운 편(직접)	어려운 편(PB 추천)

공모펀드 대비 ETF의 단점

ETF가 장점만 있는 것은 아닙니다. 먼저, 직접 매매를 해야 하는 번거로움이 있습니다. 처음 해보시는 분이라면 어렵게 느낄 수 있습니다. 다만, 주식 매매를 해보신 분들이라면 어렵지 않게 할 수 있습니다(증권사가 아니라 은행을 통해 매매하게 되면 HTS에서 주식 거래를 하는 방식이 아니라 펀드 거래처럼 매매됩니다).

연금저축계좌에서 공모펀드는 적립식 자동매수가 가능하지만 ETF는 매월 적립식이나 자동 매수가 아주 제한적으로만 가능합니다. 현재는 대형 증권사 중심으로 ETF 자동 매수 및 적립식 ETF 매매 시스템 도입을 검토 중입니다. ETF 자동매매시스템이 도입되면 투자자가 매번 주문하고 체결해야 하는 번거로움이 어느 정도 해소될 것으로 보입니다.

연금 전용 ETF가 따로 있나요?

연금저축펀드에서 투자할 수 있는 공모펀드에는 연금 투자자를 대상으로 하는 보수가 저렴한 별도의 펀드 클래스(P-e)가 제공됩니다. 그러나 ETF에는 연금 투자를 위한 별도의 상품이 있는 것은 아닙니다. 일반 증권계좌에서 투자하거나 연금저축계좌에서 투자하거나 동일한 ETF를 매매하는 것입니다. 단, 레버리지나 인버스 등 고수익 고위험 ETF는 연금으로 매매할 수 없습니다(앞에서 얘기했죠?).

ETF의 장점은 내가 직접 투자 결정

요약하면 ETF는 쉽고, 편리하며 비용도 낮고 성과 분석도 명확합니다. 또한 투자자가 주체적으로 운용할 수도 있습니다. 반면 공모펀드는 전문가에 믿고 맡기는 것이 핵심이라 관리가 쉽습니다. 대신 일종의 관리 비용인 각종 보수를 지불해야 합니다. 그리고 초과 수익을 얻을 수도 있지만 반대로 시장보다 성과가 부진할 때도 있습니다.

간단 요약 및 활용 팁

- ETF가 공모펀드를 대체하고 있다. ETF를 제외하면 공모펀드는 감소 추세에 있다.

- ETF는 쉽고 편리하며 비용도 낮고 성과 분석도 명확하다. 또한 투자자가 주체적으로 운용할 수 있다.

- ETF는 사고팔 때 직접 매매를 해야 하는 번거로움이 있다. 이를 해결하기 위해 자동 매수 및 적립식 ETF 매매 시스템을 퇴직연금에까지 확대 검토 중이다.

5
절세 효과도 뛰어난 ETF

Q 공모펀드 투자해서 손실이 났는데도 세금을 내야 한다고요? 말이 됩
니까?

A 공모펀드는 손실이 나더라도 세금을 내야 하지만, ETF는 손실이 나
면 세금을 내지 않습니다. 이 밖에도 ETF 매매를 통한 절세 방법은 다
양합니다.

"사람이 태어나서 절대 피할 수 없는 것 두 가지가 있는데 하나는 죽음이고, 다른 하나는 세금이다."

미국 100달러 지폐의 주인공인 벤저민 프랭클린의 말입니다. 그러나 연금저축펀드를 이용하면 세금을 완전히 피할 수는 없지만 확실히 줄일 수는 있습니다. 그것도 ETF를 이용하면 더욱 효과적입니다.

연금으로 ETF에 투자했을 때 얻을 수 있는 세제 혜택은 연금계좌가 제공하는 절세와 ETF가 갖고 있는 절세, 이렇게 두 가지로 구분할 수 있습니다.

연금계좌(연금저축펀드+퇴직연금)의 절세

연금저축펀드와 퇴직연금(DC형, IRP)로 얻을 수 있는 세제 혜택은 ①과세이연 ②손익통산 ③저율과세가 핵심입니다. 앞에서도 여러 번 언급했던 단어들입니다. (이 내용은 꼭 연금계좌에서 ETF에 투자할 때만이 아니라 연금계좌의 투자된 모든 상품에서 얻을 수 있는 세금 혜택으로 이해해도 됩니다.)

먼저, 과세이연입니다. 일반계좌에서 매매차익이나 분배금이 발생하면 배당소득세(15.4%)를 부과하고 원천징수하지만, 연금계좌에서는 수익이 발생하더라도 인출 시까지 따로 과세하지 않습니다. 따라서 발생한 수익을 과세 없이 재투자할 수 있어 복리 효과를 누릴 수 있습니다.

두 번째 혜택은 손익통산입니다. 일반적인 금융계좌에서는 상품별로 개별 과세됩니다. 즉, 한 계좌 내에서라도 수익을 본 ETF와 손실이 난 ETF에 각각 세금을 매깁니다. 손익합산이 불가합니다. 그러나 연금계좌는 손실과 이익이 서로 상계되어 최종 수익에 대해서만 과세합니다. 따라서 손익이 섞여 있다면 세금 부담을 줄일 수 있습니다(단, 연금계좌가 두 개라면 이는 따로 계산합니다).

세 번째 혜택은 저율과세입니다. 연금은 원천징수 없이 과세이연되다가 55세 이후에 연금으로 수령할 때 과세합니다. 그것도 15.4%보다 훨씬 낮은 3.3~5.5%(55세, 70세 이상, 80세 이상 세율 각각)가 부과되어 세금 부담을 크게 줄일 수 있습니다. 그리고 연금소득이 1,200만 원을 넘지 않으면 저율과세로 종료됩니다. 그러나 1,200만 원을 넘는 경우, 종합과세 되거나 16.5% 세율로 분리과세를 선택할 수 있습니다. 마찬가지로 55세 이전에 연금저축 계좌를 해지하는 경우 운용 수익에 16.5% 기타소득세가 부과되고 분리과세 됩니다.

연금(2층 퇴직연금 + 3층 개인연금)의 세제혜택

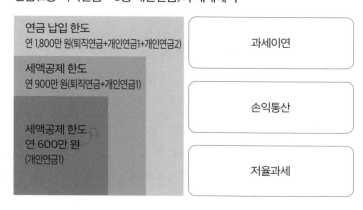

연금 납입 한도 연 1,800만 원(퇴직연금+개인연금1+개인연금2)		과세이연
세액공제 한도 연 900만 원(퇴직연금+개인연금1)		손익통산
세액공제 한도 연 600만 원 (개인연금1)		저율과세

2층 퇴직연금(IRP)와 3층 개인연금(연금저축계좌)의 세금 비교

	IRP	연금저축계좌
분배금 세금	배당소득세 15.4% 과세이연	
연금 수령 시 세율	3.3~5.5% 저율과세 (수령 개시 연령 기준에 따라 70세 미만 5.5%, 70~80세 4.4%, 80세 이상 3.3%	
세액공제 한도	연 900만 원 (연금저축계좌 포함)	연 600만 원
세액공제율	16.5% (총급여 5,500만 원 초과 또는 종합소득금액 4,500만 원 초과의 경우 13.2%)	

ETF의 절세

지금까지 연금계좌가 갖고 있는 절세 효과에 대해 설명해 드렸습니다. 이번에는 ETF가 갖고 있는 절세 효과에 대해 말씀드리겠습니다.

일단 ETF는 국내 주식이나 국내 지수를 추종하는 상품의 매매차익은 비과세 됩니다. 이는 일반 증권계좌에서 투자하나 연금계좌에서 투자하나 모두 똑같은 조건입니다. 국내 주식을 제외한 나머지는 모두 보유 기간에 따라 과세 방식이 적용됩니다. 말이 조금 어렵지만 보유 기간 과세는 ETF의 매매차익과 ETF 보유 기간 중에 과표기준가격 증가분을 비교하여 적은 금액에 대해 15.4%를 부과하는 방법입니다. 과표기준가격이란 ETF 투자 시 과세의 기준이 되는 가격을 말합니다. ETF도 펀드이므로 펀드의 가격인 기준가를 매일 산정하듯 과세에 필요한 과표기준가격도 매일 계산합니다. 국내주식을 제외한 해외 주식, 해외 채권, 해외 원자재나 매매차익이나 배당금이 과표기준가의 증가 요인으로 보면 됩니다.

두 번째로, ETF는 손실이 나면 세금이 없지만 공모펀드는 손실일 때도 세금을 낼 수 있습니다. ETF는 보유기간 과세가 적용되므로 과표 증가와 매매차익과 과표 증가분 중 낮은 것으로 과세됩니다. 즉, 과표가 아무리 크더라도 손실이 나면 매매차익이 없으므로 세금을 낼 필요가 없습니다. 그러나 공모펀드는 과표에 의해서만 과세되므로 손실을 보더라도 세금을 내야 할 때가 있습니다.

세 번째로, 해외 주식이나 채권형 ETF의 매매차익은 과세 대상이라고 했습니다. 그러나 하루 동안 장중 거래를 통해 수익을 얻는다면 세금을 내지 않아도 됩니다. 하루 동안 매매차익은 증가했지만 매일 산정되는 과표가격은 동일하기 때문입니다. 둘 중 낮은 것으로 과세되므로 하루 동안 매매차익은 발생했지만 과표 증분은 없기에 세금을 내지 않습니다. 해외 ETF를 전일 가격보다 하락할 때 낮은 가격 매수했다면 절세가 가능합니다. 과표가격은 전 일자로 동일한데 비해 매수가격은 전일 가격 대비 낮게 매입했기 때문입니다. 결과적으로 보유기간 과세 계산시에 과표 증가가 작게 계산되어 절세가 가능합니다.

네 번째로, 개별 주식을 매도하면 이익 여부와 관계없이 증권거래세가 부과되지만 ETF 매도 시에는 증권거래세 0.2%가 면제됩니다.

ETF 수수료 절감

그밖에 ETF 수수료 절감 방법도 알아두면 도움이 됩니다. 퇴직연금(2층 IRP)에서는 퇴직연금사업자가 수수료를 청구하지만, 연금저축펀드(3층)에는 별도의 수수료를 청구하지 않습니다. 다만, 연금저축펀드에서는 ETF나 펀드 매매시 해당 건별로 매매수수료나 보수가 발생합니다. 따라서 ETF를 빈번하게 거래한다면 연금저축펀드보다는 IRP를 통해 매매하는 것이 비용을 조금이라도 절감하는 것이 됩니다.

간혹 금융기관에 따라 이벤트성으로 퇴직연금의 계좌 관리(개설이나 이동) 수수료가 면제되는 행사를 하기도 합니다. 따라서 계좌개설 전에 이런 혜택 등을 미리 알아보면 조금이라도 더 절감할 수 있습니다.

세금은 남의 일?

연금이 소액일 때는 세금이 크게 와 닿지 않을 수도 있겠습니다. 그러나 목돈이 되고 수익이 커지면 세금도 커지게 됩니다. 현명한 투자자는 수익 늘리기를 중요하게 생각하는 만큼 지키는 것도 중요하게 생각해야 합니다. 지키는 투자의 기본은 절세입니다. 연금계좌는 국민의 노후를 위해 제공되는 '절세 보물 창고'입니다. 연금에다 ETF를 더하면 절세 면에서 금상첨화가 되니, 이를 적절히 활용하느냐 그렇지 못하느냐에 따라 노후가 크게 달라집니다.

간단 요약 및 활용 팁

- 연금계좌를 통한 ETF 매매가 과세이연, 손익통산, 저율과세로 절세 측면에서 가장 유리하다.
- ETF는 매매 손실이 발생하면 세금이 없다. 또한 해외 ETF 매매차익도 절세가 가능하다.
- ETF는 매도시 증권거래세가 없다.
- IRP에서는 계좌관리수수료를 받는 대신 매매 수수료를 절약할 수 있다. 연금저 축펀드에서는 별도의 계좌관리수수료가 없는 대신 투자 상품 건별로 매매 수 수료와 보수 등의 비용이 부과된다.

6
리밸런싱의 최고봉 ETF

Q 연금은 장기 투자인 만큼 계속해서 우량한 포트폴리오로계속해서 업
그레이드하는 것이 중요하다고 들었습니다. ETF가 이런 것에 최적화
된 상품이라던데요?

A 물론입니다. ETF는 패시브(수동적) 상품이라 포트폴리오 변경에 소
극적일 것이라는 오해가 있습니다. 그러나 정기적인 리밸런싱을 통
해 자동으로 우량 종목으로 변경되고 투자 비중을 조정하여 항상 최
적의 포트폴리오를 유지합니다.

투자의 귀재, 오마하의 현인으로 불리는 워런 버핏은 다음과 같은 유서를 남겼습니다(그는 아직 왕성한 활동을 하고 있습니다).

"내가 죽으면 아내를 위해 전 재산의 90%는 S&P500 지수에, 나머지 10%는 국채에 투자하라. 주식을 전혀 모르는 사람이라면 S&P500 ETF를 사야 한다."

버핏이 남긴 이 말은 무슨 뜻일까요? 다음 사례를 보면 좀 더 분명해집니다.

ETF, 우량 종목은 편입하고 부실 종목은 퇴출

30년 전 미국 시가총액 1위 기업은 애플이나 마이크로소프트가 아니라 엑슨모빌이었습니다. 마찬가지로 30년 전 한국의 시가총액 1위 기업은 삼성전자가 아니라 한국전력이었습니다. 이렇게 보면 과거로 돌아가 당시 1등 기업에 장기투자를 한다고 해서 무조건 좋은 수익을 얻을 수 있는 것은 아니라는 것을 알 수 있습니다.

연도별 미국 시가총액 순위

구분	2024년	2014년	2004년	1994년
1위	**마이크로소프트**	**애플**	**마이크로소프트**	엑슨모빌
2위	**애플**	엑슨모빌	엑슨모빌	코카콜라
3위	엔비디아	알파벳	화이자	월마트
4위	아마존	**마이크로소프트**	시티그룹	레이시언
5위	알파벳	버크셔헤서웨이	제너럴일렉트릭	머크
6위	메타	존슨앤존슨	월마트	프로터앤갬블
7위	버크셔헤어웨이	월마트	인텔	제너럴일렉트릭
8위	일라이일리	쉐브론	시스코	펩시코
9위	테슬라	웰스파고	존슨앤존슨	IBM
10위	브로드컴	프록트앤갬볼	IBM	존슨앤존슨

　반면, 버핏이 얘기한 S&P500 ETF는 지금까지 꾸준한 성장을 이어왔습니다. 시총 1위 기업은 바뀌더라도 우량 종목을 편입하고 부실 종목은 퇴출시키며 시장에 최적화된 500개 편입 종목을 정기적으로 관리해 왔습니다.

　공모펀드는 펀드매니저가 시장 상황에 맞게 투자 종목과 비중을 조절합니다. 마찬가지로 ETF도 지수 방법론에 따라 편입 종목과 비중을 정기적으로 교체합니다. 정기적인 변경

이외에도 이벤트가 발생하면 예외적으로도 편입 종목을 교체하기도 합니다. 패시브 ETF라고 해서 포트폴리오와 비중이 고정되는 것은 아닙니다.

ETF의 리밸런싱 효과

튼튼한 나무를 길러 내기 위해서는 중간에 묘목을 솎아내거나 가지치기가 필요합니다. 마찬가지로 ETF는 정기적인 리밸런싱 즉, 종목 교체와 비중 변경을 통해 지속적인 성장을 도모합니다. 우수한 종목만 살아남는 적자생존 전략이 ETF에 적용됩니다. 또한 정기적인 리밸런싱을 통해 가격이 오른 종목의 비중은 낮추고 상대적으로 덜 오른 종목은 비중을 높이기도 합니다. 수익을 실현하는 동시에 낮은 가격에 매수하여 평균 매수가격을 낮추는 것입니다. 투자자가 따로 챙기지 않아도 자동으로 리밸런싱이 이루어집니다.

투자자는 가격이 오를 때 더 사고 싶고 내리면 더 늦기 전에 매도해서 손실을 줄이고 싶어집니다. 그러나 주식 투자 유경험자라면 내가 팔면 가격이 오르고, 내가 사면 가격이 떨어지는 경험을 한 번쯤 해봤을 겁니다. 자동 리밸런싱은 이러한 자의적 판단에 의한 실수를 최소화합니다.

ETF의 리밸런싱을 보면 산업의 변화도 볼 수 있습니다. TIGER TOP10 ETF의 5년간 리밸런싱의 추이를 보면 KOSPI

시가총액 변화와 그에 따른 국내 산업의 변화를 단번에 이해할 수 있습니다. 이를 다르게 표현하면, 해당 ETF는 한국에서 가장 성장성 있는 산업에 적시에 투자해 온 것을 알 수 있습니다. 최근 포트폴리오를 보게 되면 반도체, 자동차는 안정적입니다. 반면, 은행과 헬스케어 산업이 위축된 자리를 2차전지 관련 기업인 삼성 SDI, LG화학, POSCO홀딩스, LG에너지솔루션 등이 메꾸고 있습니다. 현대차나 기아가 전기차 위주의 산업으로 재편되는 것까지 고려하면 한국의 산업은 반도체에서 2차전지, 전기차로 확장되어 가는 것으로 눈여겨볼 수 있습니다. ETF는 시장의 변화와 산업의 변화를 정기적인 리밸런싱으로 지속적으로 반영합니다.

TIGER TOP10 ETF의 리밸런싱(2018~2023년)

종목명	2018년 6월	종목명	2023년 12월
삼성전자	24.26%	삼성전자	24.61%
SK하이닉스	17.29%	SK하이닉스	17.13%
셀트리온	10.96%	삼성SDI	10.32%
POSCO	7.86%	LG화학	9.63%
현대차	7.74%	NAVER	7.49%
NAVER	6.61%	현대차	7.46%

KB금융	6.48%	POSCO홀딩스	6.27%
신한지주	6.40%	LG에너지솔루션	5.90%
LG화학	6.35%	기아	5.63%
현대모비스	5.35%	셀트리온	5.15%
기간 중 신규 편입	삼성SDI, 기아, LG에너지솔루션, POSCO홀딩스, 셀트리온		
기간 중 신규 편출	현대모비스, 신한지주, KB금융, 엔씨소프트, 카카오, LG생활건강		

간단 요약 및 활용 팁

- 패시브 ETF는 지수 방법론에 따라 정기적으로 포트폴리오를 변경하고 비중을 조절하는 리밸런싱이 이루어진다.

- ETF는 리밸런싱을 통해 최적의 포트폴리오를 유지한다. 한마디로 투자의 적자 생존 법칙이 적용된다.

- ETF 리밸런싱의 효과로는 수익을 실현하는 키핑 전략(Profit keeping)과 상 대적으로 덜 오른 종목에 자금이 더 투입되는 매입원가 평균법(Dollar cost averaging) 전략이 동시에 적용된다.

7
일반 투자와 연금 투자는 다르다

Q 30대 직장인입니다. 그동안 연금으로 S&P500 ETF 꾸준히 투자해 왔습니다. 그런데 최근 S&P500이 역사적 고점을 찍고 있습니다. 저는 시장이 과열되었다는 생각이 드는데요, 그럼에도 적립식 투자를 계속 이어가는 게 맞는지 망설여집니다.

A 30대의 연금 투자자라면 단기적인 시장 상황과 관계없이 S&P500 ETF와 같은 우량 자산에 지속적으로 투자할 것을 추천해 드립니다. 연금은 마라톤과 같은 장기레이스입니다. 시장이 우상향할 것을 믿고 꾸준히 자산을 모아가는 것이 중요합니다. 어쩌면 20년 뒤에는 지금의 지수가 바닥처럼 느껴질 수도 있습니다.

최근(2024년 3월) S&P500은 사상 최고치를 경신하며 연일 우상향 질주를 펼치고 있습니다. 이렇게 높은 지수대에서 S&P500 ETF에 연금으로 투자하는 것이 맞을까요? 시장 상승기라 생각하고 뛰는 말에 올라탈 수도 있지만, 반대로 너무 과열되었다는 판단에 투자를 유보할 수도 있습니다. 과연 어떤 것이 맞는 걸까요?

주식처럼 ETF 투자 VS. 연금으로 ETF에 투자

똑같은 S&P500 ETF에 투자한다 하더라도 일반 여유자금으로 투자하는 것과 연금으로 투자하는 것에는 차이가 있습니다. 이 말은 단기 모멘텀 투자라는 관점에서 ETF를 주식처럼 투자하는 것과 연금이라는 관점에서 투자하는 것은 달라야 한다는 것을 의미합니다.

재테크 목적이 단기 매매차익이라면 마켓 타이밍이 필수적입니다. 증시가 과열되어 고점이라고 판단되면 투자를 미루거나 전체 금액 중 일부만 투자하면서 시장을 계속적으로 확인해나가야 합니다. 그래서 많은 전문가들은 손실 한도와 목표 수익을 미리 정해 놓는 것이 유리하다고 말합니다. 그러나 연금 투자는 좀 다릅니다. 연금 적립에 초점을 맞춰야 하는 30대라면 시장 상황에 일희일비하지 않고 꾸준히 자산을 모아가는 것이 중요합니다.

연금은 지금 필요한 돈이 아니라 노후에 필요한 돈입니다. 지금보다는 미래의 시장을 예상하는 게 바람직합니다. 미국 주식 시장의 장기 성장을 믿는다면 S&P500이 단기적으로 고점이라 할지라도 꾸준히 매수를 통해 자산을 쌓아가는 것이 낫습니다. 지금의 가격이 20~30년 후에는 바닥처럼 느껴질 수 있기 때문입니다. 일반 투자와 연금 투자의 차이, 조금 더 살펴보겠습니다.

일반 투자와 연금 투자, 목표 자체가 달라야

첫째, 일반 투자, 소위 재테크라고 하면 수익에 좀 더 초점을 맞춰야 하겠지만 연금은 잃지 않는 투자가 기본입니다. 일반 투자는 여유 자금을 갖고서 한다는 전제가 있기 때문에 고수익을 노리고 어느 정도 손실을 감수하는 투자를 할 수 있습니다. 하지만 연금은 절대 잃어서는 안 되는 필수 자금입니다. 그래서 연금 투자는 기본적으로 안정성에 초점을 두고 투자해야 합니다.

둘째, 일반 투자라면 한두 개 종목으로 집중투자할 수도 있지만 연금 투자는 가능한 한 포트폴리오로 나눠 투자해야 합니다. 연금 투자는 안전자산과 위험자산의 적절한 자산배분이 기본입니다. 그런 점에서 보면 한 개 종목에 올인하지 않고 여러 종목을 묶어서 투자하는 ETF는 연금 투자와 가장 잘 어울리는 상품입니다.

셋째, 일반 투자는 성장테마나 섹터 중심으로 투자할 수 있지만 연금 투자는 대표지수와 같은 코어 자산 중심으로 투자해야 합니다. 2차전지, 메타버스, 바이오 ETF와 같은 성장 중심의 테마 투자는 단기적으로 높은 수익을 얻을 수 있어 매력적이지만 변동성이 크기 때문에 조심해야 합니다. 투자하더라도 시장 변동성을 충분히 이해하고 장기적인 관점에서 접근하는 것이 좋습니다. 저라면 KOSPI200, S&P500 등의 대표지수 ETF 중심으로 투자하고 성장테마는 포트폴리오의 일부로 투자하면서 밸런스를 맞출 것입니다.

넷째, 일반 투자는 구조화나 대체투자 등 복잡한 상품에 투자할 수도 있지만 연금 투자는 단순하고 쉬운 상품 위주여야 합니다. 누가 추천해줬다는 이유로 잘 모르는 곳에 투자하는 것만큼 위험한 것은 없습니다. 오랫동안 장기 투자해야 하므로 관리가 복잡하거나 실행이 어려워서도 안 됩니다. 상품이 복잡하면 투자를 방치하거나 포기하는 이유가 됩니다. 그런 점에서 보면, 심플하게 기초 지수를 추종하는 ETF가 연금 투자와 가장 잘 어울린다고 할 수 있습니다. 복잡한 전략을 지닌 ETF보다 단순하고 명확한 주식형 혹은 채권 혼합형 ETF에 먼저 주목해야 하는 이유입니다.

다섯째, 일반 투자는 단기 모멘텀 투자를 할 수 있지만 연금 투자는 생애 주기에 충실한 장기 투자를 해야 합니다. 나이에 맞춰 위험자산에서 안전자산으로 비중을 점점 더 높여가는 것이 중요합니다. 이러한 것에 맞춤 된 연금전용상품 TDF, TRF, TIF 등을 눈여겨볼 필요가 있습니다(이 상품들에 대해서는 3부에서 자세히 설명하겠습니다).

여섯째, 연금 투자는 일반 투자보다 보수와 비용, 세금에 대해 신중해야 합니다. 일반 투자는 비용이 일시적으로 발생하는 것에 불과하지만, 연금 투자는 작은 비용이라도 장기간 눈덩이처럼 쌓여 전체 자산의 수익에 큰 영향을 미칠 수 있습니다.

일곱째, 일반 투자가 '목돈 굴리기'에 초점을 맞춘 투자라면 연금 투자는 생애 주기에 따라 "모으고 굴리고 인출"까지를 고려해야 합니다. 30대의 '연금 적립'과 40대의 '연금 굴리기' 50대 이후의 '연금 인출'로 구분해서 투자와 포트폴리오 구성을 해야 합니다. 똑같은 S&P500 ETF를 투자하더라도 일시적인 투자라면 시장 하락기를 피해야 하겠지만, 연금 적립식 투자자라면 먼 미래를 보고 용기 있게 투자할 수 있어야 합니다. 또한 아무리 단기 성과가 기대된다 하더라도 현금 흐름이 필요한 인출 시점에는 안정적인 유동성 확보가 더 중요합니다.

일반 투자 VS 연금 투자 차이점

구분	일반 투자	연금 투자
투자 목표	수익성	안전성
투자 방법	집중투자	분산투자
투자 상품	성장테마	대표지수
상품 복잡도	복잡한 상품	단순한 상품
투자 기간	단기 모멘텀	장기투자
투자 비용	이익중심	보수와 비용, 세금
생애주기투자	굴리기	모으고, 굴리고, 인출하기
투자 사이클	상승기 투자	꾸준한 투자 및 비중조절

지금까지의 얘기를 정리해보면, 연금은 잃지 않는 투자, 분산투자, 코어자산 중심 투자, 생애주기관점의 장기 투자, 쉬운 투자, 저비용 투자 그리고 적립-투자-인출의 3단계 투자가 필요합니다. 그런데 이런 관점을 한데 담아 포트폴리오로 쉽게 구현할 수 있는 것이 ETF입니다.

간단 요약 및 활용 팁 ─────────────────

- 일반 투자와 연금 투자는 투자 철학과 투자 방법이 달라야 한다.

- 연금 투자는 잃지 않는 투자, 분산투자, 대표 코어자산 투자, 장기 투자, 쉬운 투자, 저비용 투자, 적립-투자-인출의 생애 주기 투자이다.

- ETF는 연금의 다양한 조건 아래에서 유용한 투자 수단으로 활용할 수 있다.

3부.
연금 투자 ETF 고르는 법

지금까지 연금 제도에 관한 기본적인 이해를 바탕으로 개인연금의 필요성과 연금저축펀드가 꼭 필요하다는 말씀을 드렸습니다. 그리고 주체적인 투자자라면 펀드매니저에게 내 돈을 맡기는 공모펀드보다 연금저축펀드에서 스스로 판단하며 운용하는 ETF 투자가 더 매력적이라고 말씀 드렸습니다. 3부에서는 본격적으로 연금으로 투자할 ETF를 어떻게 골라야 하는지, 어떻게 매매해야 하는지 살펴보도록 하겠습니다. ETF 투자 경험이 있으신 분들이라면 좀 더 쉽게 읽을 수 있습니다.

1
ETF 이름 한번에 이해하기

Q ETF 너무 복잡해요. 이 많은 ETF 중에 어떤 것을 골라서 투자해야 할지 모르겠어요. 이름도 비슷비슷하고 혹시 실수라도 할까 봐 겁이 납니다.

A ETF 이름이 가진 의미만 알아도 ETF가 지닌 특징 절반 이상을 이해할 수 있습니다. 이름부터 하나씩 천천히 배워 나가면 됩니다.

화투에 숫자는 없어도 패를 알아야 고스톱을 칠 수 있듯 ETF
의 이름이 지닌 의미를 제대로 알아야 선택도 쉽습니다. ETF
이름에는 일정한 순서와 규칙이 있습니다. 이것만 알면 ETF
가 지닌 특징을 금방 이해할 수 있습니다. 지금부터 ETF의 이
름 짓는 법을 통해 그 특징을 살펴보겠습니다.

ETF 명칭은 ETF 핵심 요약집이다

ETF가 대중적인 상품으로 자리 잡는 데에는 직관적인 이
름이 가장 큰 기여를 했다고 생각합니다. 아래 보시는 것이 일
반적인 ETF 이름입니다. 하나씩 살펴보겠습니다.

KODEX	미국	S&P500	TR	레버리지	액티브	(합성	H)
브랜드	투자지역	기초지수	분배	추적배수	액티브	합성	환헤지

첫 번째는 운용사 브랜드입니다. 운용사마다 ETF의 고유
한 브랜드를 갖고 있습니다. 삼성자산운용은 KODEX, 미래
에셋자산운용은 TIGER, KB자산운용 KBSTAR라는 ETF 브
랜드를 사용하고 있습니다. 미국도 마찬가지입니다. 블랙록자
산운용은 iShares, 뱅가드는 Vanguard라는 ETF 브랜드를 사
용합니다.

국내외 ETF 운용사의 브랜드

브랜드	국내 ETF 운용사	브랜드	해외 ETF 운용사
KODEX	삼성자산운용	iShares	BlackRock
TIGER	미래에셋자산운용	Vanguard	Vanguard
KBSTAR	KB자산운용	SPDR	State Street Global
ACE	한국투자신탁운용	Invesco	Invesco
ARIRANG	한화자산운용	Global X	Global X(Miraeasset)

둘째, 투자 지역을 확인할 수 있습니다. 투자 지역이 한국인 경우에는 명칭에서 생략되나 해외 자산으로 투자되는 상품은 투자 지역을 정확하게 표기해야 합니다.

셋째, ETF가 추종하는 기초 지수를 알 수 있습니다. 기초 지수는 ETF의 모든 것이라고 할 만큼 중요합니다. 기초 지수에는 시장 대표, 업종, 채권, 혼합, 원자재 지수 등으로 매우 다양합니다. 이름이 비슷하더라도 기초 지수의 차이를 엄격하게 구분할 필요가 있습니다. 예를 들어 KOSPI 지수와 KOSPI200 지수는 비슷하지만 포함 종목이 다르고 성과도 다릅니다. KOSPI 지수는 거래소 상장 917개의 전체 종목을 대상으로 하지만, KOPSPI200 지수는 상장 종목 중 시가 총액이 큰 200개 종목에만 투자합니다.

ETF 기초 지수의 종류

대표지수	한국	KOSPI200, KOSDAQ150, KRX300
	미국	DJIA, S&P500, NASDAQ100, Russell2000
	중국	상해종합, 심천종합, 항셍
업종지수	업종	IT, 반도체, 자동차, 은행, 건설, 에너지화학, 중공업 등
	테마	2차전지, 바이오, 클라우드컴퓨팅, ESG 등
전략형 지수		고배당, 중소형주, 저변동, 성장주, 가치주 등
기타 지수		원자재(금·은·구리 등), 리츠(부동산), 채권 등

넷째, ETF의 분배 여부입니다. 분배금은 주식의 배당금과 유사합니다. 분배금을 지급하는 ETF를 일반적으로 PR(Price Return, 분배형)형 ETF라고 합니다. 이와 달리 분배금을 지급하지 않고 분배금을 다시 재투자하는 ETF를 TR(Total Return, 자동 재투자형)이라고 합니다. 대다수의 상품은 PR형이 기본이라 PR은 따로 표기하지 않지만, TR의 경우에는 ETF 명칭에 별도로 표기합니다. 만일 30대의 연금 투자자라면 분배금보다는 재투자로 복리 효과를 얻는 것에 주력할 필요가 있습니다. 이때는 같은 ETF라도 PR보다는 TR형의 ETF를 골라 투자하는 것이 유리합니다. 즉, 미국S&P500TR이 미국S&P500보다 더 낫습니다.

다섯째, 기초 지수의 추적배수입니다. 기초 지수를 1배로 추종하는 ETF가 기본이라 이때는 따로 표기하지 않습니다. 그러나 레버리지(2배로 추적)나 역배수로 추종하는 인버스의 경우 방향과 배수를 별도로 표기합니다. 참고로 연금으로는 레버리지나 인버스와 같은 손실 확률이 높은 ETF는 투자할 수가 없습니다(이것도 여러 번 말씀드렸습니다).

여섯째, 패시브와 액티브 여부입니다. 패시브는 정해진 지수와 똑같이 운용되는 인덱스 ETF를 의미합니다. 반면 액티브 ETF는 액티브 펀드처럼 벤치마크 대비 초과수익을 목적으로 펀드매니저가 운용합니다. 패시브는 ETF의 기본 성격이라 별도로 표기하지 않습니다만 액티브는 표기해야 합니다. 단, 액티브 ETF라고 펀드매니저 임의대로 운용하는 것은 아니고 비교 지수와 상관계수를 0.7 이상 유지하도록 규정하고 있습니다. 즉 70% 정도는 지수와 유사하게 따라가야 합니다.

일곱째, 운용 방법의 차이로 실물형과 합성형이 있습니다. 일반적으로 실물자산 편입을 하는 실물형과 실물자산 편입 대신 손익만을 교환하는 합성형 ETF가 있습니다. 합성형은 실물자산을 직접 편입하지 않고 지정한 거래상대방과 손익만을 교환하는 스왑 구조라 '합성'으로 구분하여 표기합니다(혹시 내용 이해가 어렵다면, 추가적인 검색을 통해서 좀 더 살펴보면 좋겠습니다).

마지막으로 해외투자 상품의 경우 환헤지 여부입니다. 일반적으로는 환헤지를 하지 않는 ETF가 기본이라 따로 표기하지 않습니다. 반대로 환헤지를 시행하는 ETF는 '(H)'라고 표기합니다. 환헤지를 하지 않는다는 것은 달러 자산을 보유해서 환율변동에 노출되어 있다는 뜻입니다. 개인적으로 연금으로는 환헤지를 하지 않는 상품(H가 붙지 않은 상품)을 좀 더 추천합니다. 그 이유는 뒷 편에서 따로 설명드리겠습니다.

만기매칭형 ETF 상품명의 의미는 조금 다르다

영구적으로 운용되는 대부분의 ETF에 비해, 만기가 정해져 있는 존속기한형 ETF가 있습니다. 이를 만기매칭형 ETF라고 부릅니다. 이 ETF는 정해진 만기 시점이 되면 자동으로 상장 폐지되고 투자자에게 평가액이 현금으로 지급됩니다. 만기매칭형 ETF는 이름도 일반 ETF와 차이가 있습니다. 예를 들어 TIGER 25-10회사채(A+이상)액티브 ETF는 2025년 10월에 만기가 도래하는 상품으로 회사채 A+이상의 채권에 투자하며 벤치마크 대비 초과 수익을 목표로 운용되는 상품이라는 뜻입니다. ETF 펀드명을 이해하였다면 이제 각각의 특징이나 차이도 이름만으로 쉽게 구분할 수 있습니다.

간단 요약 및 활용 팁 ─────────────

ETF 이름으로 특징 확인하기

• TIGER 미국나스닥100 ETF: 미래에셋자산운용에서 운용하는 TIGER ETF로 미국 나스닥100 현물 지수에 환오픈 투자하는 ETF

• KODEX 미국 나스닥100선물(H) ETF: 삼성자산운용에서 운용하는 KODEX ETF로 미국 나스닥100 선물 지수에 환헤지로 투자하는 ETF

• TIGER 25-10회사채(A+이상)액티브 ETF: 2025년 10월 만기되는 주로 신용 등급 A+ 이상 회사채에 투자하는 ETF로 액티브하게 운용된다.

2
손해 보지 않는 ETF 매매법

Q 연금으로 ETF 매매 특별히 주의해야 할 게 있나요? 주식 투자할 때와 어떤 점이 다른가요? 그리고 증권사를 통해서 매매할 때와 은행을 통해서 매매할 때 뭔가 많이 다른 것 같던데요.

A 주식 투자를 해보신 분들이라면 ETF 매매가 어렵지 않습니다. 증권 계좌에서 매매하듯이 연금 계좌에서 동일한 방법으로 ETF를 매매하면 됩니다. 다만, 증권사와 은행의 ETF 매매 방법에는 차이가 있습니다.

이 책에서는 증권사의 HTS를 통한 매매를 기본으로 ETF를 사고파는 방법을 설명해 드리고자 합니다. 주식 투자 경험이 있으신 분들이라면 ETF 매매가 특별히 어려울 것이 없습니다. 주식계좌에서 ETF를 매매하듯이 연금계좌에서도 ETF를 매매하면 되기 때문입니다. 그런데 증권사가 아니라 은행에서 ETF를 매매할 때는 주식투자 하듯 할 수 없고, 펀드를 매매하듯이 해야 합니다.

간단하게 매매 프로세스를 알아보고 단계별로 어떤 점을 주의해야 하는지 살펴보겠습니다.

은행(보험) 및 증권사의 ETF 매매 차이

연금저축계좌(3층)에서의 ETF 매매는 증권사에서만 가능합니다. 은행이나 보험사에서는 퇴직연금(2층)에서만 ETF 매매가 가능합니다. 그래서 개인연금으로 ETF 투자를 하기 위해서는 증권사 연금저축펀드를 개설해야 한다고 말씀드렸습니다. 그리고 증권사를 통하게 되면 매매 가능한 ETF수가 800개가 넘지만 은행을 통해서 매매 할 수 있는 ETF 상품 수는 100-200개 수준입니다. 이 책에서 추천하는 ETF는 증권사를 통해서는 모두 매매가 가능하지만 은행을 통해서는 일부 매매할 수 없는 것도 있습니다(꼭 기억!!).

은행(보험)과 증권사의 차이는 주문 방식에도 차이가 있습니다. 증권사 연금 계좌의 ETF 매매방법은 주식 매매방법과 같습니다. 실시간 호가를 보고 가격과 주문 수량에 맞게 ETF 매매가 체결되는 방식입니다. 반면 은행 ETF 체결 방식은 펀드 매매와 유사합니다. 실시간 ETF 가격 변화를 모니터링할 수 없고 주문 방식도 금액만 입력할 수 있도록 합니다. 즉, 은행에서 알아서 최선의 노력으로 매매를 체결시키는 방식입니다.

주식처럼 실시간으로 호가 변동이 복잡하게 느껴지는 투자자라면 주문을 알아서 체결해 주는 은행 방식이 편리할 수 있습니다. 그러나 원하는 가격과 원하는 시간에 매매 체결을 원한다면, 증권사를 통해 거래하는 것이 훨씬 편리합니다.

은행(보험)과 증권사 통한 ETF 매매

구분	은행(보험)	증권사
ETF투자	IRP/DC 가능, 연금저축계좌에서 불가능	모두 가능
상품수	은행 선별 ETF	상장된 모든 ETF
투자방법	신탁형(펀드주문 및 체결)	주식중개방식 (매매주문 및 체결)
주문방식	주문 지정 불가능	주문 지정(지정가, 시장가)
매매체결	실시간 아님, 해외 ETF 매매지연	실시간 매매체결

장중매매	불가	가능(장중 매수 및 매도) 가능
장점	주문 단순, 알아서 체결	실시간 매매체결(주식 주문)
단점	상품 제한적, 실시간 매매 불가	주문 상대적 복잡

* 은행이든 증권사든 앱을 설치하고 핸드폰에서 매매하는 것은 동일합니다.

주문 가능한 ETF 여부 확인

먼저 내가 거래하는 금융기관에서 실제 주문 가능한 ETF 인지부터 확인할 필요가 있습니다. 연금계좌에서는 레버리지나 인버스 상품에 투자할 수 없다고 말씀드렸습니다. 그리고 퇴직연금에서는 위험자산으로 분류되는 주식형 ETF 투자를 전체 퇴직연금의 70% 까지만 투자할 수 있다고도 했습니다. 이러한 조건으로 주문이 안 되는 ETF가 있을 수 있습니다.

ETF 거래시간 확인

주식시장 개시 후 5분인 09:00~09:05, 오후 15:20~15:30 에는 주문을 피하는 게 좋습니다. 이때는 유동성공급자(LP) 의 호가가 제공되지 않습니다. 즉, 시장가로 주문했지만 호가가 없어 하한가에 체결될 때도 있습니다. 따라서 가급적이면 LP 호가가 면제되는 시간은 주문을 피하고, 시장가 대신 지정가로 주문하는 것이 좋습니다. 정리하면, 주문은 지정 가격 매수로 하고, 장 시작하고 5분 동안 그리고 장 마치기 10분 전에는 하지 않는 것이 좋습니다.

　해외 ETF 투자는 거래 시간이 중요합니다. 중국 본토라면 같은 아시아권이라 시차와 상관 없이 아무 때나 투자해도 좋을 것이라 생각하는 투자자가 많습니다. 그러나 한국은 9시에 개장되지만 중국 본토는 10:30에 개장됩니다. 따라서 9:00~10:30까지는 중국 시장이 열리지 않아 유동성 공급자(LP)가 원활한 유동성 공급(호가 제공)이 어렵습니다. 또한 한국 시간 기준 12:30~14:00까지 중간 휴장 시간에도 또다시 거래가 이루어지지 않기 때문에 괴리율(거래되는 시장 가격과 iNAV(실시간 공정가격)와의 차이)이 커질 수 있습니다. 그러니 이 시간대는 피하는 것이 좋습니다. 다만, 미국은 시차는 크지만 24시간 개설된 선물시장이 있어서 언제 매매하더라도 큰 문제가 없습니다.

ETF 주문 프로세스

구분	매매 점검 프로세스
사전 준비	①주문 가능 ETF인지 확인한다. (레버리지, 인버스, 선물, 위험자산 70% 초과 불가)
	②HTS 주문 화면을 준비한다(IRP는 별도의 주문 화면).
	③거래시간을 체크한다. (LP 호가 의무 면제시간, 해외 휴장 및 시차 체크)
매매 주문	④실시간 iNAV와 현재가격을 확인한다.
	⑤괴리율과 원인을 확인한다.
	⑥ETF 호가 및 거래량 확인한다.
	⑦수량, 가격을 확정하고 실시간 iNAV와 가깝게 지정가로 주문한다.
	⑧여유를 갖고 매매한다. 분할 매매를 추천한다.

실시간 순자산 가치 확인

실시간 순자산가치(iNAV)와 현재가를 확인해야 합니다. iNAV는 현재 시점 ETF의 실시간 공정 가격을 의미합니다 (일종의 시장에서 정한 정가). 시장에서 거래되는 현재가와 iNAV의 차이인 괴리율은 작을수록 좋습니다. 유동성 공급자 (LP)는 괴리율이 커지지 않도록 꾸준히 유동성(돈)을 공급해서 가격을 맞춰줍니다. 그러나 괴리율이 크다고 해서 ETF가

반드시 잘못 운용되는 것은 아닙니다. 구조적인 요인으로 괴리율이 커질 때도 있습니다. 괴리율이 크다면 일단 매매를 멈추고 여유를 갖고 거래 시간이나 휴장 등의 원인을 파악한 후 투자하는 것이 좋습니다.

호가와 거래량 확인 및 지정가 주문

ETF의 호가 및 거래량이 충분한지를 확인하고 iNAV에 가깝게 지정가 주문을 내는 것이 좋습니다. 주문은 여유롭게 하는 것이 핵심입니다. 팔 때는 조금이라도 비싸게 팔고 싶고, 살 때는 조금이라도 싸게 사고 싶은 것이 투자자의 심리입니다.

첫 번째 매매 팁으로는 주문할 때 욕심을 줄이는 것입니다. 유리한 가격보다는 주문 체결에 목적을 두는 것이 좋습니다. 한 호가 정도 가격 차이가 난다고 해서 큰 손해가 나는 건 아닙니다. 욕심을 냈다가 주문 체결이 안 되면 오히려 심리적으로 쫓기게 되고 더 큰 손해로 이어질 수 있습니다. 두 번째 팁은 한 번에 매매하지 말고 여러 번 나누어 매매하는 것입니다. 분할 매매는 이익을 극대화할 수는 없지만 손실을 줄일 수 있고 무엇보다 여유로운 투자를 할 수 있습니다.

은행/보험사 신탁 방식 주문

증권사를 통한 ETF 매매는 주식 거래와 같이 실시간으로 체결됩니다. 그러나 은행을 통해서는 실시간으로 체결되지 않고 체결 가격도 바로 알 수 없습니다. 대신 은행에서 알아서 주문을 내고 체결해주기 때문에 주식 투자 경험이 없는 분이라면 쉽고 단순하게 ETF를 매매할 수 있는 장점도 있습니다.

계좌 개설이나 투자 전에 증권사를 통해 거래할 것인지 은행을 통해 거래할 것인지는 이러한 장단점을 미리 파악하고 시작하는 것이 좋습니다.

간단 요약 및 활용 팁 ─────────────

- ETF의 주문은 기본적으로 주식 거래와 유사하다.
- ETF의 주문 전에 내가 거래할 수 있는 ETF인지 확인하고, ETF 거래시간, 순자산 가치(iNAV)와 현재가, 호가와 거래량을 확인한 후 지정가 주문을 내는 것이 좋다.
- ETF 투자를 위해 증권사를 통해 거래할지, 은행을 통해 거래할지를 미리 결정하는 것이 좋다.

3
원금 손실 없는 ETF 고르기, 이자는 덤

Q 노후 대비를 위한 소중한 연금을 ETF에 잘못 투자해서 손실을 볼까 두려워요. 원금을 잃지 않으면서도 정기예금 이자보다는 수익이 컸으면 좋겠어요.

A 단기 여유 자금을 활용할 수 있는 파킹형 ETF가 있습니다. 그리고 정기예금과 유사한 만기매칭형 ETF도 있습니다. 둘 다 손실 없는 투자 그리고 시중 금리 이상의 수익을 얻을 수 있습니다.

지금까지 ETF에 대한 기본적인 이해와 매매 절차를 알아봤습니다. 이제 본격적으로 연금 투자자의 니즈에 맞는 ETF를 하나씩 선택해 보겠습니다.

잃어서는 안 되는 소중한 돈이 연금입니다. 그래서 많은 분들이 퇴직연금을 정기예금으로 운용합니다. 가장 안전하고 손실이 없는 상품이기 때문입니다. 그러나 손실 못지않게 수익도 중요합니다. ETF에도 정기예금을 대신할 만한 상품이 있습니다. 투자 상품이기 때문에 손실 가능성이 100% 없다고 말하는 것은 거짓이지만, 친구에게 "손실 없으니 걱정은 붙들어 매"라고 말할 정도의 안전한 ETF는 있습니다.

파킹형 ETF, 만기매칭형 ETF

ETF는 주식처럼 거래되지만 주식형 ETF만 있는 것은 아닙니다. 채권형 ETF 등 금리형 상품도 있습니다. 원금손실 가능성이 지극히 낮은 ETF로 대표적인 것이 KOFR(무위험지표금리), CD(양도성예금), MMF(초단기 머니마켓펀드)입니다. 해당 ETF에 투자하면 매일 이자가 쌓여 평가 이익으로 표시됩니다. 아무 때나 살 수 있고, 쉽게 현금화할 수 있어 '파킹형 ETF'라고도 불립니다. 금리도 보통예금이나 어지간한 CMA보다 높아 쏠쏠합니다.

정기예금 대안으로 '만기매칭형 ETF'도 있습니다. 개인적으로 만기매칭형 ETF를 수시입출금식 정기예금 ETF라고 생각합니다. 예금보다 금리는 높고 중도해지수수료 없이 현금화도 가능합니다. 자본차익까지도 기대할 수 있는 1석 3조의 효과를 얻을 수 있는 ETF입니다. 정기예금처럼 특정 만기가 되면 원금과 이자를 지급하고 자동 청산됩니다.

둘의 차이점이라면 파킹형 ETF는 예금처럼 일별 손실이 거의 없는 대신 수익이 작고, 만기매칭형 ETF는 상대적으로 일별 손실이 간혹 있긴 하지만 길게 보면 수익이 큰 편입니다.

채권형 ETF의 만기

채권형 ETF나 펀드에 대한 가장 큰 오해는 예금의 만기일이 점점 줄 듯 ETF에 편입된 채권의 만기가 시간이 지나면 저절로 줄어들 것이라는 생각입니다. 그러나 실물 채권이나 정기예금의 만기는 줄지만 채권형 ETF의 만기는 계속 유지됩니다. 예를 들어, 3년 만기 실물 채권을 1년 동안 보유하면 만기가 2년이 남는 게 되지만 국채 3년 ETF에 투자한다면 1년이 지나더라도 만기(듀레이션)는 3년으로 계속 유지됩니다. 만기가 짧아진 채권을 정기적으로 교체해서 만기를 동일하게 맞추기 때문입니다.

그래서 채권형 ETF는 만기라는 개념이 없다고 보면 됩니다. 이와 달리 만기매칭형 ETF는 정해진 만기까지 운용되다가 만기가 되면 원금과 약정된 이자를 지급하고 청산됩니다. 마치 실물 채권이나 정기예금에 가입한 것과 비슷합니다.

만기매칭형 ETF의 장점

연금으로 투자하기에는 만기매칭형 ETF가 딱 좋습니다. 저는 이 책을 읽은 독자분들이 지금 당장 만기매칭형 ETF에 투자해서 정기예금보다 높은 금리만 얻을 수 있다면 이 책의 역할(책 값의 몇 배 수익)은 충분히 했다고 생각합니다. 만기매칭형 ETF의 장점을 하나씩 살펴보겠습니다.

첫째, ETF를 만기까지 보유하면 손실 없이 원금과 매수 시점의 만기수익률만큼의 이자를 얻을 수 있습니다. 둘째, 쉽게 사고 팔 수 있어 거래가 편리합니다. 예금은 만기 전에 해지하면 약정 이자율을 받을 수 없습니다. 그러나 만기매칭형 ETF는 아무 때나 매도해도 누적된 이자를 받을 수 있고, 금리가 하락했다면 자본차익까지도 얻을 수 있습니다. 셋째, 관리가 쉽습니다. 매수한 후 만기 시점이 되면 해당 ETF의 원금과 이자가 자동으로 계좌에 입금되기 때문에 특별히 신경 쓸 것이 없습니다.

만기매칭형 ETF의 개별 정보는 편입채권, 듀레이션, 만기수익률 등의 정보는 운용사 홈페이지에서 매일 고시되니 참조하면 좋습니다.

만기매칭형 ETF와 VS. 예금 비교

구 분	만기매칭형 ETF	예금
만기	O	O
수익	이자수익 + 자본차익	이자수익
손실	평가손실 (만기보유시 손실 없음)	없음
중도해지 (매각)	가능	가능(중도상환 금리 패널티)

만기매칭형 ETF 선택과 주의사항

만기매칭형 ETF 선택 방법은 ①만기에 맞게 ⋯ ②편입채권 선택 ⋯ ③만기수익률이 높은 것 ⋯ ④운용규모가 큰 것 ⋯ ⑤보수가 낮은 것 순서대로 고르는 것이 좋습니다.

만기매칭형 ETF라 하더라도 보유 중간에 매수 시점보다 금리가 상승하면 평가 손실이 발생할 수 있습니다. 물론 만기까지 가면 매수 시점의 만기수익률을 얻을 수 있지만, 중도 매도를 하면 손실이 나게 됩니다. 따라서 만기수익률이 높다고 무조건 장기 채권에 투자하기보다는 투자 기간에 맞춰서 적절한 만기의 ETF를 찾아 투자하는 것이 좋습니다.

만기매칭형의 종류에 따른 수익성은 국고채 〈 은행채 〈 회사채 순서대로 이자는 높아지고 안정성은 그 반대입니다. 그러나 회사채형이라도 대부분 우량 채권으로 구성되어 개별 채권의 디폴트 가능성은 매우 낮습니다. 그래도 위험을 완전히 배제할 수 없다는 가정하에 편입채권 종류와 신용은 꾸준히 모니터링이 필요합니다.

만기매칭형 ETF로 추천해 드릴 수 있는 상품은 4부에서 자세히 소개하겠습니다.

간단 요약 및 활용 팁

- 만기매칭형 ETF는 만기가 되면 예금처럼 약정된 이자를 지급하지만 금리는 더 높고, 중간에 금리 패널티 없이 현금화할 수 있고, 수익까지 얻을 수 있는 1석 3조의 효과가 있다.
- 만기매칭형 ETF 선택 방법은 ①만기에 맞게 ⋯▸ ②편입채권 선택 ⋯▸ ③만기수익률이 높은 것 ⋯▸ ④운용규모가 큰 것 ⋯▸ ⑤보수가 낮은 것 순서대로 고르는 것이 좋다.

4
대표(기초)지수 추종형 ETF 고르는 법

Q 연금으로 ETF 투자를 할 때 가장 우선하여 고려해야 할 상품 중 하나가 대표지수를 추종하는 ETF라고 들었습니다. 그런데 미국 S&P500으로 검색했더니 비슷한 상품이 정말 많더라고요. 이때는 어떤 걸 고르면 좋나요?

A 먼저 ETF가 추종하는 기초지수를 비교하고 환헤지와 분배 여부도 꼼꼼히 비교합니다. 만일 같은 지수를 추종하고 여타 조건이 동일한 ETF라면 운용 규모 > 거래량(금액) > 낮은 보수 > 운용기간 > 브랜드 순으로 선택할 것을 추천해 드립니다.

시장이 커지고 운용사 간의 경쟁으로 ETF가 다양해지는 것은
투자자에게 좋은 일입니다. 그러나 비슷한 상품이 많아지면서
투자자 입장에서는 ETF를 고르는 것도 큰일이 돼버렸습니다.
좋은 ETF 선택을 위한 기준과 방법을 살펴보겠습니다.

기초지수를 먼저 선택하자

KODEX KOSPI, KODEX 200, KODEX 200TR, KODEX
200IT 언뜻 비슷해 보이지만 기초 지수, 편입 종목, 성과가
모두 다릅니다. ETF의 기초지수를 파악하고 투자 목표에 맞
는 ETF를 선택하는 것이 가장 중요합니다. KODEX 200은
KOSPI200 지수를 추종하므로 시장 전반을 투자한다고 볼 수
있습니다. 그러나 KODEX 200IT는 KOSPI200 지수의 IT 섹
터에 속하는 종목에만 투자하는 ETF입니다. 둘 다 편입 종목
과 성과가 다릅니다. 운용사 홈페이지를 통해 ETF 투자설명서
를 확인하면 자세한 기초 지수의 세부사항을 체크할 수 있습
니다.

기초지수가 동일한 ETF를 선택하는 기준

: 운용 규모 > 거래량(금액) > 낮은 보수 > 운용 기간 > 브랜드

기초지수가 동일하고 운용사만 다른 KODEX 200, TIGER
200, KBSTAR 200 중에서 어떤 것을 골라야 할까요? 기초 지

수가 같다면 규모(수탁 금액)가 큰 ETF가 좋습니다. 아무래
도 규모가 클수록 거래량이 큽니다. 그런데 규모나 거래량이
유사하다면 보수를 고려하는 것이 좋습니다. 다음으로는 운용
기간이나 운용사의 브랜드 인지도를 고려합니다. ETF에 관한
정량 데이터는 ETF CHECK(etfcheck.co.kr)에서 비교해볼 수
있습니다.

KOSPI200 ETF 비교

펀드명	KODEX 200	TIGER 200	KBSTAR 200
규모(순자산)	68,093억 원	22,763억 원	13,861억 원
거래량	693.99만 주	142.17만 주	73.86만 주
총보수(연)	0.15%	0.05%	0.02%
운용기간	2002.10.14	2008.04.03	2011.10.20
운용사	삼성자산운용	미래에셋자산운용	KB자산운용

표를 보면 KODEX 200이 보수를 제외하고 모두 압도적이
지만 타 상품도 거래량이 1조 이상이라 어느 것이나 안정성
에는 문제가 없다고 볼 수 있습니다. 따라서 이런 경우라면 보
수를 먼저 고려해서 유연하게 KBSTAR 200을 선택하는 것도
좋은 선택입니다.

해외 ETF 선택은 좀 더 신중하게

해외 ETF를 선택할 때에는 좀 더 주의를 기울일 필요가 있습니다. 기초 지수가 현물인지 선물인지, 환헤지 여부, 분배금 여부 등도 꼼꼼히 체크해야 합니다.

동일 지수를 추종하는 해외 ETF라면 운용 규모와 거래량에 좀 더 비중을 둡니다. 운용 규모가 큰 ETF를 선택하는 것이 해외 투자가 지닌 여러 제약을 극복하기에 유리합니다. 이머징 투자 ETF라면 더더욱 그러합니다. 운용 규모가 300억 이상의 ETF를 선택하는 것이 좋고 100억 이하는 주의가 필요합니다.

미국S&P500 비교

펀드명	TIGER 미국 S&P500	ACE 미국 S&P500	KBSTAR 미국 S&P500
규모(순자산)	25,781억	8,009억	2,819억
거래량	104.99만주	23.32만주	10.52만주
총보수(연)	0.07%	0.07%	0.02%
운용기간	2020.08.07	2020.08.07	2021.04.09
운용사	미래에셋자산운용	한국투신운용	KB자산운용

보수로만 보면 KBSTAR 미국S&P500가 가장 낮지만 운용 규모와 거래량면에서는 TIGER 미국S&P500를 투자하는 것을 추천합니다 그리고 중국 등 이머징 마켓은 운용규모, 거래 량이 선진국보다 훨씬 더 중요하다는 것을 잊으면 안 됩니다.

현물과 선물 중 어떤 ETF가 좋을까?

선물보다는 현물형 ETF가 좋습니다. KODEX 미국나스닥 100(H)은 나스닥100 현물지수를 추종하지만 KODEX 미국 나스닥100선물(H)는 나스닥100 선물지수를 추종합니다. 두 ETF간의 성과 차이는 크지 않습니다. 연금저축펀드에서는 둘 다 투자가 가능하지만 IRP에서는 현물형 ETF만 투자할 수 있 습니다. 현물형 ETF는 개별 종목과 비중을 직접 확인할 수 있 고 분배금도 얻을 수 있는 반면, 선물형은 편입자산으로 파생 상품 계약만 확인할 수 있고 분배금도 없습니다. 그래서 투자 자들이 그렇게 선호하지 않는 편입니다.

기초지수가 같다면 가격이 높은 ETF가 좋을까?

동일한 기초 지수를 추종하는 ETF라면 가격이 높은 ETF 가 좋은 ETF일까? 결론부터 말하면 아닙니다. ETF의 가격과 ETF의 내재가치는 무관합니다. 가격이 높다면 상장일이 빠르 거나 최초 상장 시 높은 가격으로 상장한 ETF입니다. ETF 최초 상장 가격은 1만 원으로 고정된 것이 아니라 5만 원, 10만 원, 20만 원 등으로 다양합니다. 심지어 KODEX CD금리액티브 ETF는 주당 가격을 100만 원으로 상장했습니다.

주당 가격을 높게 상장하는 이유는 ETF의 5원 단위 호가에 비밀이 있습니다. 가격이 1만 원인 ETF보다 100만 원인 ETF라면 10,005원보다 1,000,005와 같이 거래 호가가 더 촘촘해서 원하는 적정가격에 가깝게 매매 체결을 할 수 있습니다. 특히 채권형 ETF는 금리 변화에 따른 미세한 가격의 변화를 보다 정확하게 반영할 수 있도록 높은 가격으로 상장하는 것이 일반화되고 있습니다.

액티브와 패시브 둘 중 어떤 것이 좋을까?

성과가 핵심입니다. 그러면 둘 중 어떤 ETF의 성과가 좋을까요? 패시브는 기초 지수를 1배로 추종하는 데 비해 액티브 ETF는 기초 지수 대비 초과 성과를 목표로 운용됩니다. 그러나 기대와 달리 액티브 ETF의 성과가 기초 지수 대비 부진할 때도 있습니다.

액티브 ETF의 성과는 펀드매니저의 역량에 달려있습니다. 따라서 과거 운용 성과와 운용 경험 등에 대한 추가 검증이 필요합니다. 그리고 액티브 ETF가 패시브 대비 보수가 높은 것도 고려해야 합니다.

아래 표는 모두 나스닥100을 기초 지수로 운용되는 ETF입니다. 그러나 TIGER 미국나스닥100과 KBSTAR 미국나스닥100은 기초 지수를 똑같이 그대로 추종하는 패시브 ETF입니다. 이에 비해 타임폴리오 미국나스닥100액티브는 기초 지수대비 초과 성과를 목표로 운용되는 액티브 ETF입니다. 운용규모도 상대적으로 작고 총 보수도 높아 이것만으로는 선택하기 쉽지 않습니다. 그러나 1년 성과가 71.6%로 다른 기초지수 대비 무려 24.8%나 성과률이 높습니다. 지금처럼 잘 운용된다면 보수는 전혀 문제가 안 될 것입니다. 하지만 앞으로도 계속 그럴지는 알 수 없습니다. 신중하게 액티브의 운용 역량을 믿을지 안전하고 보수가 낮은 패시브가 좋을지 신중한 선택이 필요합니다.

미국 나스닥100 ETF비교

펀드명	TIMEFOLIO 미국나스닥100 액티브	TIGER 미국나스닥100	KBSTAR 미국나스닥100
규모(순자산)	213억 원	28,312억 원	3,563억 원
거래량	2.41만 주	14.19만 주	14.83만 주
총보수(연)	0.80%	0.07%	0.02%
운용기간	2022.05.11	2010.10.18	2020.11.06

성과(1년, 23년)	71.61%	46.80%	46.83%

간단 요약 및 활용 팁

- 기초지수가 동일한 ETF 선택 기준으로 운용 규모 > 거래량(금액) > 낮은 보수 > 운용기간 > 브랜드 순으로 선택하는 것이 좋다.
- 대부분 투자자들은 현물형 ETF를 선호한다. 선물형은 퇴직연금에서 투자할 수 없다.
- 액티브 ETF의 성과는 펀드매니저의 역량에 달려 있다. 따라서 과거 운용 성과와 운용 경험 등에 대한 추가 검증이 필요하다. 액티브 ETF는 패시브 ETF 대비 보수가 높은 것도 고려해야 한다.

5
해외 ETF, 환율에 대한 고려 어떻게

Q S&P500 ETF를 연금으로 투자하려고 합니다. 그런데 해외 ETF라 환율에 대해 생각을 하지 않을수 없더라고요. 실제로 환헤지형이 있고 환오픈형이 있던데, 어떤 게 좋을까요?

A 환헤지는 투자에서 환율 변동을 배제하는 것이고 환오픈은 환율 변동에 노출된다는 것을 의미합니다. 환헤지 혹은 환오픈으로 투자할 것인가에 대한 판단은 시장 상황에 따라 달라질 수 있습니다. 그러나 단기적인 시장 상황을 배제한다면 투자시 환오픈으로 투자할 것을 추천해 드립니다. 달러 자산은 한국 투자자에게 보험처럼 다양한 혜택을 제공하기 때문입니다.

해외투자를 할 때 환 포지션을 정하기가 쉽지 않습니다. 환율에 따른 손익의 변화, 환헤지의 개념, 환헤지형 ETF 고르는 법, 국내 투자자에게 달러 자산이 미치는 영향에 대해 알아보겠습니다.

환헤지와 환오픈의 개념

환오픈이란 원달러 환율의 움직임에 따른 원화 환산 손익이 그대로 노출되도록 두는 것이라고 생각하면 됩니다. 만약, 달러를 보유하고 있다면 달러 가치가 올라가면 이익을 얻을 것이고, 반대로 달러의 가치가 내려가면 이익을 잃을 것입니다. 이처럼 환율에 대한 손실 혹은 이익 없이 좀 더 안정적으로 투자를 하고자 할 때 필요한 것이 환헤지입니다.

환헤지 여부에 따라 투자 성과는 크게 달라질 수도 있습니다. 2022년 원달러 환율이 1,200원에서 1,440원까지 상승하는 동안 미국 S&P500 지수는 -22% 하락했습니다. 당연히 환헤지형 S&P500(H) ETF는 지수 하락분 만큼인 -22%의 성과가 나왔습니다. 그러나 환오픈으로 투자한 S&P500 ETF의 성과는 -6%로 환헤지형 ETF 대비 -16%나 높았습니다. 환오픈형 ETF의 경우 원달러 환율이 올라 환차익이 약 +16% 발생했기 때문입니다. 이처럼 시장 변동성이 높을 때는 환오픈으로 달러 자산을 보유하는 것만으로도 하락 방어력을 얻게 됩니다.

환헤지형 ETF라면 펀드명 마지막에 반드시 '(H)'를 표기하도록 되어 있습니다(ETF 이름을 공부할 때 언급한 적 있습니다). 미국 S&P500에 투자하는 ETF라도 KODEX 미국 S&P500TR(H)처럼 펀드명에 마지막에 (H)가 포함되어 있으면 환헤지형 ETF이고 KODEX 미국S&P500처럼 (H)가 없다면 환오픈 ETF입니다.

환헤지 VS. 환오픈, 어떤 것이 좋을까?

환율이란 국가간의 경제 펀더멘털을 반영하며 상승과 하락을 반복합니다. 미국 경제의 성장성이 한국보다 좋다면 환오픈을 하는 편이 좋고, 반대로 한국의 성장성이 좋다고 판단하면 환헤지를 하는 것이 좋습니다. 그러나 현실적으로 이 판단이 쉽지는 않습니다. 그럼에도 몇가지 기준으로 환헤지 여부를 선택할 수 있습니다.

첫째, 투자 자산의 가치 상승에 집중하는 경우 환헤지가 유리합니다. 해외 투자의 주된 목적은 자본 차익입니다. 환차익은 부수적인 수익으로 때로는 예상치 못한 변수가 되기도 합니다. 따라서 기관 투자자는 해외 투자시 환헤지를 무조건 기본 값으로 정해 두기도 합니다. 특히 해외 채권에 투자할 때는 환율의 변동성이 금리의 변동성보다 높아 환헤지를 선택하는 경우가 상식처럼 되어 있습니다. 다만 브라질, 인도처럼 이머징 시장 투자는 환헤지 비용이 너무 높아 불가피하게 환오픈을 선택할 수 밖에 없는 일도 있긴 합니다.

둘째, 원달러 환율의 역사적 평균을 고려하여 환헤지 여부를 결정하는 방법입니다. 과거 역사적 평균 환율의 밴드를 설정하고 일정 밴드를 벗어나는 경우 환오픈이나 환헤지 등 포지션을 선택하는 방법입니다. 예를 들어 원달러 환율은 지난 10년간 1,200원대에서 움직여 왔습니다. 따라서 원달러 환율이 1,300원을 넘을 경우 환헤지를 하고 1,200원 아래로 내려가면 환오픈을 선택합니다.

셋째, 환오픈으로 달러 자산을 보유하는 전략입니다. 달러 자산은 위기 때마다 국내 투자자에게 안전자산 역할을 톡톡히 해왔습니다. 2000년 닷컴 버블, 2008년 금융위기, 2020년 코로나 사태, 2022년 러시아-우크라이나 사태 등 글로벌 위기 때마다 원달러 환율이 크게 올랐습니다. 이때 환오픈으로 달러 자산을 보유한 투자자는 자산가치 하락을 환율 상승으로 상쇄하며 더 큰 손실을 방어할 수 있었습니다.

달러 자산은 수출 중심의 개방형 경제구조인 한국 투자자에게는 매우 유용합니다. 수출이 부진하면 기업 실적의 저하로 코스피가 하락하고 외국인 자금 유출이 커지게 됩니다. 이때 원 달러 환율은 상승하고 달러 가치가 상승합니다. 즉, 코스피 지수는 하락하지만 달러 가치가 상승해서 달러를 지닌 투자자라면 시장 하락을 환차익으로 방어할 수 있게 됩니다.

장기 투자에는 환오픈

환율에 정답은 없습니다. 그러나 시장 상황에 관계없이 환오픈, 환헤지 둘 중의 하나를 반드시 선택해야 한다면 주저 없이 환오픈을 추천해 드립니다. 쉽게 말씀드려서 '(H)'가 없는 환오픈형 ETF가 연금으로는 더 낫습니다. 환오픈으로 달러 자산을 보유하는 것이 위기 때마다 보험처럼 유용했기 때문입니다.

간단 요약 및 활용 팁

- 환헤지를 시행하는 해외 ETF라면 펀드명 반드시 '(H)'를 표기하게 되어 있다.
- 원달러 환율의 역사적 평균을 고려하여 밴드를 설정하고 환헤지 비중을 결정할 수도 있다.
- 국내 투자자에게 환오픈한 달러 자산은 보험처럼 위기 때마다 안전자산의 역할을 톡톡히 했다. 코스피 지수와 달러 자산은 상관관계가 낮아 함께 투자하면 포트폴리오의 안정성을 높일 수 있다.

6
연금 전용 상품 TDF/TIF/TRF ETF

Q 연금전용상품으로 TDF가 있더군요. 포트폴리오를 선택이나 연금 운용이 어렵다면 TDF에만 잘 가입해도 꽤 괜찮다는 얘기를 들었습니다. 근데, TDF 공모펀드가 있고 TDF ETF가 있던데 둘 중 어떤 것이 좋을까요?

A 둘 중에 고르자면 공모펀드보다는 ETF를 추천해 드립니다. TDF의 운용 전략은 유지하되 ETF가 갖고 있는 각종 장점(거래 비용, 투자 편의성, 포트폴리오 투명성)을 그대로 누릴 수 있기 때문입니다.

전문 지식이 부족하거나 지속적인 관리가 어려워 연금 운용에 어려움을 겪는 연금 투자자를 위해서, 연금전용 상품 3종을 추천해 드립니다. 대다수 연금 투자자의 니즈에 부합하는 일종의 기성복 같은 연금전용 ETF로 이해하면 됩니다. 이것만 알아도 연금 투자의 갈증을 어느 정도 해소할 수 있으리라 생각합니다. 복잡한 것 다 잊고, 연금저축펀드나 IRP에서 TDF ETF만 매수해도 좋습니다. 나중에 '잠시 고생해서 ETF 투자하길 잘했다'는 생각이 들 수 있습니다.

연금전용상품: TDF, TRF, TIF

연금 전용 상품 3종이란 TDF, TRF, TIF입니다. 하나씩 설명해 드리도록 하겠습니다.

첫째, TDF인 타겟데이트펀드(TDF, Target Date Fund)는 정해진 목표 은퇴 시점에 맞춰 운용하는 연금전용 자산배분펀드입니다. 연금 투자자를 위한 생애 주기형 펀드로 2016년부터 본격적으로 관심을 받기 시작했습니다. TDF는 투자자가 선택한 은퇴 시점에 맞춰 위험자산과 안전자산의 비중을 자동으로 조정해 줍니다. 즉, 은퇴 시점에 가까워질수록 위험자산의 비중은 낮추고 안전자산의 비중을 높여 안정적으로 운용하는 일종의 자율주행 연금펀드라고 생각하면 쉽습니다. 예를 들어, TDF2030 펀드라면 2030년 은퇴 시점에 맞게 위험자산인 주식비중을 줄이는 방식입니다. 따라서 연금 투자자는 자신의 은퇴 예상 시점에 따라 TDF2030, TDF2040, TDF2050등으로 하나만 선택해서 투자하면 됩니다.

둘째, TRF인 타겟리스크펀드(TRF, Target Risk Fund)는 정해진 위험에 맞춰 운용하는 연금전용 자산배분펀드를 말합니다. 투자자의 리스크 선호에 따라 투자할 수 있도록 설계된 혼합형 자산배분펀드입니다. TRF3070은 주식과 채권의 비중이 30:70, TRF5050은 50:50, TRF7030은 70:30으로 구성되어 있습니다. 그래서 호경기냐 불경기냐에 따른 시장 상황이나 안정형이냐 위험추구형이냐에 따른 투자자의 성향에 맞게 다양하게 선택할 수 있습니다. 간단하지만 효과는 매우 강력합니다.

셋째, 타겟인컴펀드(TIF, Target Income Fund)는 목표 인컴 수익에 맞춰 운용하는 연금전용 자산배분펀드입니다. 여기서 인컴수익이란 이자, 배당, 임대수익, 옵션 프리미엄 수익과 같은 꾸준한 현금흐름을 지닌 수익을 의미합니다. TIF는 꾸준한 인컴 수익을 추구하는 안정적인 연금 전용 솔루션으로 주로 은퇴 시점 자산관리를 목표로 합니다. 은퇴 시점에는 안정적이고 꾸준한 연금(현금) 흐름이 한층 더 중요합니다. 그래서 TIF는 연금인출에 적합하게 설계되어 있습니다.

TDF 공모펀드, TDF ETF 어떤 것이 좋을까?

똑같은 TDF가 공모펀드로도 출시되어 있고 ETF로도 있습니다. 무엇을 선택하는 것이 좋을까요? 결론부터 말씀드리자면, ETF로 투자하는 것이 여러모로 유리합니다. 그 이유를 하나씩 설명해보겠습니다(앞서 얘기했던 ETF 장점이 여기에도 또다시 적용됩니다.)

TDF 펀드 VS ETF 비교

구분	설정일	설정액 (억)	환매일	보수	성과(%)	
					6월	1년
삼성한국형 TDF2050증권 투자신탁H	19-03-12	668	10영업일	0.81%	6.89	11.39
KODEX TDF2050 액티브ETF	22-06-30	401	3영업일	0.30%	9.88	16.63

(2023년 12월말 기준)

첫째, TDF ETF는 펀드보다 매매가 편리하고 빠릅니다. ETF는 주식처럼 실시간으로 매매되고 3영업일이면 현금화가 가능합니다. 하지만 펀드의 경우 10영업일 이상이 소요됩니다. 둘째, ETF가 공모펀드 대비 비용이 저렴합니다. TDF 공모펀드의 보수가 약 0.81%인데 비해 ETF의 보수는 0.31%로 절반 수준에도 미치지 못합니다. 저렴한 비용은 연금과 같은 장기 투자에 더욱 중요합니다. 셋째, ETF는 투자 정보가 투명하게 공개됩니다. 포트폴리오가 공개되므로 성과 평가가 쉽고 정확하게 판단할 수 있습니다. 이에 비해 공모펀드의 정보 공개 수준은 매우 제한적입니다. 넷째, 심지어 ETF가 성과조차도 우수합니다. 2030년을 목표 시점으로 운용하는 동일 운용사의 공모펀드와 ETF 상품인 만큼 비교하고 서로 견줄만합니다. 물론 동일 운용사의 TDF라고 해서 공모펀드와 ETF가 같은 운용 전략을 갖고 있는 것은 아닙니다.

ETF가 갖는 단점도 있습니다. 무엇보다 자동 매수가 불가합니다. 공모펀드처럼 자동 매수나 적립식 매수가 지원되지 않습니다. 따라서 매번 주문을 체결해야 하는 번거로움이 있습니다. 또한 매매가 쉽기 때문에 잦은 매매를 하다 보면 오히려 연금 본연의 장기 투자를 어렵게 할 수도 있습니다. 그냥 두면 될 것을 샀다 팔았다 하면서 비용만 키우는 결과가 초래되는 것입니다. 이 점에 유의해서 길게 보고 여유 있게 투자해야 합니다.

간단 요약 및 활용 팁 ───────────────────────────

- 연금 전용 ETF만 활용해도 효율적인 연금 투자가 가능하다. 특히 TDF/TIF/ TRF ETF는 3층 연금저축펀드에서는 물론이고, 2층 퇴직연금에서도 100% 투자 가능하다.

- TDF ETF는 시장 상황에 따라 능동적으로 대응할 수 있고, 비용도 저렴하고, 투명하다.

- 다만 지나치게 잦은 매매는 오히려 장기 성과를 저하시키는 원인이 될 수 있다.

7
매달 월세 받듯 배당 ETF

Q ETF에 분배금(배당)이 있다는 것은 알고 있는데요. 노후 연금 생활자를 타겟으로 출시된 월배당 ETF가 시장에서 인기가 높더라고요. 월배당형 ETF 어떤 게 있고 어떻게 골라야 하나요?

A 월배당형 ETF는 채권형에서 주식형으로 다양합니다. 일반적으로 배당이 높은 만큼 투자위험도 큽니다. 배당받는 ETF를 고르는 기준은 첫째, 시장 상황과 투자자의 위험 성향을 고려하는 것입니다. 둘째, 배당 수준과 배당의 지속성을 고려해야 합니다. 셋째, 세금도 고려해야 합니다. 그래서 연금저축펀드를 통해 절세하는 것이 신의 한 수입니다.

인구 구조의 변화는 투자 환경도 변화시킵니다. 베이비 붐 세대의 본격적인 퇴직이 시작되며 자산관리의 중심축이 적립에서 인출로 이동하기 시작했습니다. 이러한 추세에 맞춰 은퇴자가 노후 생활비로 활용할 수 있도록 월배당 지급형 ETF에 대한 관심이 커지고 있습니다. 배당형 ETF 어떻게 선택하면 좋을까 한 번 알아보겠습니다. (ETF의 배당은 '분배금'이라고 하지만 편의상 '배당'으로 용어를 통일하였습니다.)

ETF 배당의 원천

배당형 ETF를 선택하려면 ETF의 특성과 배당의 원천을 이해하는 것이 필요합니다.

안정적인 배당을 원한다면 채권형 ETF가 좋습니다. 채권형 ETF의 배당은 상대적으로 작지만 원금을 지키며 오랫동안 안정적인 배당을 받을 수 있습니다. 반대로 높은 배당을 얻으려면 주식형 ETF가 좋습니다. 주식형 ETF는 배당 수익은 물론이고 가격이 오르면 자본 차익도 기대할 수 있습니다. 다만 주식이다 보니 손실 가능성도 고려해야 합니다. 또한 배당수익률과 장기 성장성을 동시에 염두에 두어야 합니다. 앞뒤 안 가리고 고배당만 고집했다가는 자칫 부실기업에 투자할 수도 있습니다. 그리고 부동산 시장이 호황이라면 리츠 ETF도 고려해 볼 만합니다. 투자 대상 리츠의 임대 수익이 시중 금리보다 높다면 투자를 고려해 볼 수 있습니다. 하지만 부동산 시장이 안 좋을 때는 임대료가 떨어지는 것은 물론이고 공실 위험이 발생할 수도 있습니다.

배당형 ETF 선택방법

배당형 ETF 어떤 것을 고르면 좋을까요?

첫째, 시장 상황을 고려한 월배당형 ETF를 선택하는 것이 좋습니다. 경기가 좋은 상황이라면 주식형 고배당 ETF가 좋고, 경기 침체기에는 채권형 ETF가 좋습니다. 이른바 박스권 장세로 등락이 제한된다면 커버드콜 전략(뒷편 보충 설명) ETF에 투자하는 것이 유리합니다. 그리고 앞에서도 잠깐 설명한 것처럼 부동산 시장이 활황이라면 임대 수익이 안정적인 리츠 ETF에 투자하는 것도 고려할 만합니다. 둘째, 매월 필요한 현금과 운용 자산규모를 고려하여 배당형 ETF에 투자해야 합니다. 투자 여력이 충분한 연금 투자자라면 포트폴리오의 일부를 배당형 ETF로 투자 비중을 늘려 배당금 확보를 중심으로 생각하면서 상품을 골라야 합니다. 그러나 재원이 제한적이라면 시장 상황과 확보되는 월배당을 동시에 고려하는 포트폴리오를 짜야 합니다. 셋째, 세금도 중요합니다. 세금을 뒤로 늦추거나 절세하는 것만으로도 연금 생활자에게는 엄청난 혜택이 될 수 있습니다. 연금계좌를 이용한 투자를 하는 것이 바람직합니다.

월배당형 ETF의 종류

좀 더 구체적으로 월배당형 ETF로 추천할 만한 상품에 대해 알아보겠습니다.

TIGER 미국나스닥100커버드콜(합성) ETF는 미국 나스닥 시장 투자와 커버드콜 전략을 동시에 사용해서 월 1%의 배당, 대략 1억 원당 100만 원을 지급합니다. TIGER 미국배당+7%프리미엄다우존스는 미국배당다우존스(SCHD)와 커버드콜 전략에 동시에 투자하여 매월 0.9% 수준(억당 90만 원)의 배당을 줍니다. TIGER 미국테크TOP10+10%는 미국 기술주와 커버드콜 전략을 병행하여 매월 0.9% 수준(억당 90만 원)의 배당을 지급합니다. 추천하는 월배당형 ETF 종류와 배당률은 다음과 같습니다.

월배당형 ETF의 배당률과 월배당금

구분	ETF	배당률 (연)	월배당금	투자 필요액
주식	TIGER 미국배당다우존스	3.8%	32만	3.1억
	TIMEFOLIO Korea플러스배당액티브	5.7%	48만	2.1억
커버 드콜	TIGER 미국나스닥100커버드콜(합성)	12.1%	101만	1.0억
	TIGER 미국배당+7%프리미엄다우존스	10.7%	89만	1.1억
	TIGER 미국테크TOP10+10%	10.0%	83만	1.2억
	TIGER 200커버드콜ATM	8.3%	69만	1.4억
	TIGER 배당프리미엄액티브	7.2%	60만	1.7억
리츠	TIGER 리츠부동산인프라	7.2%	60만	1.7억
	TIGER 미국MSCI리츠(합성 H)	4.2%	35만	2.9억
인컴	ACE 글로벌인컴TOP10 SOLACTIVE	8.7%	73만	1.4억
	KODEX 미국투자등급회사채액티브	3.8%	32만	3.1억
	KBSTAR 중기우량회사채	3.3%	28만	3.6억
	TIGER 글로벌멀티에셋TIF액티브	3.2%	27만	3.7억

* 출처: ETF CHECK, 2023년말 기준, 1억 원 투자시 월배당(세전),
100만 원 배당을 위한 투자 필요액

채권형 월분배형인 KODEX 미국투자등급회사채액티브
나 KBSTAR 중기우량회사채 등을 선택하면 안정적이지만 배
당률이 낮습니다. 반대로 TIGER 미국나스닥100커버드콜(합

성), TIGER 미국테크TOP10+10%는 배당률은 높지만 주식의 변동성에 노출됩니다. 높은 배당만이 중요한 것은 아닙니다. 자산 증식은 아니더라도 원금 훼손 없는 지속적인 배당이 중요합니다. 따라서 월배당 ETF를 선택할 때에는 시장 상황과 각 ETF의 배당률을 동시에 고려해야 합니다. 또한 하나의 상품을 선택하기보다는 포트폴리오를 짜서 분산투자하는 것이 좋습니다. 인출형 ETF의 포트폴리오 투자는 4부에서 자세히 다룰 예정입니다.

보충 ▶ 콜옵션 매도, 프리미엄, 커버드콜이란?

앞서 설명한 커버드콜 전략에 대한 보충 설명을 드리고자 합니다. 내용이 어렵다고 생각되시는 분들은 이런 상품이 있다 정도로만 이해하고 건너뛰어도 무방합니다.

커버드콜 전략은 ETF 상품 자체가 복권 사업자가 되어 주가에 연계된 복권을 특정 가격에 파는 것이라고 이해하면 쉽습니다. 예를 들어 주가지수가 오르면 오른 만큼 당첨금을 지급하는 복권을 ETF가 매월 발행하여 1%(프리미엄)에 판매합니다. 만약 1년 동안 매월 1%의 프리미엄이 쌓이면 ETF는 연간 12%를 얻게 됩니다. 1년 동안 주가지수가 12% 넘지 않으면 복권을 팔아 프리미엄을 적립한 ETF가 유리합니다. 그러나 주가지수가 20% 오르면 어떨까요? ETF는 복권 당첨금을 20% 지급해야 하기 때문에 프리미엄 수익 12%를 제외하고도 8%를 더 줘야하기 때문에 -8% 손해가 발생합니다. 만일 100%, 200% 지수가 오르면? 이론상으로는 당첨금이 무한대에 가까워질 수 있습니다. 이때 ETF 입장에서는 깡통이 나겠죠? 따라서 이에 대비하고자 ETF는 콜옵션 매도와 실물 주식(코스피) 매수를 함께 합니다. 즉, 실물 주식(코스피)의 상승분으로 복권 당첨금을 지급하는 구조입니다. 이처럼 주식이 오르는 확률의 복권을 판매하는 것을 콜(Call)옵션 매도라고 하고, 주식을 보유해서 가격 상승에 따라 당첨금이 높아지는 손실을 커버(Cover)한다고 하고, 이 둘을 합쳐 커버드콜(Covered Call)이라고 합니다.

설명이 어렵죠? 이것만 기억하면 좋겠습니다. 커버드콜 전략은 주식시장이 강하게 오르는 상승장보다는 점진적으로 오르거나 박스권 장세라면, 안정적인 수익을 얻을 수 있는 상품입니다. 이 전략이 배당과 같은 역할을 하는 이유는 주가의 등락 폭과 상관 없이 1%라는 프리미엄을 얻을 수 있기 때문입니다. 물론 프리미엄 수익은 시장 상황에 따라 변동됩니다.

- 배당받는 ETF를 고르는 기준은 첫째, 시장 상황과 투자자의 위험 성향을 고려해야 한다. 둘째, 배당 수준과 지속성을 고려하여 상품을 선택해야 한다. 셋째, 세금도 고려해야 한다.

- 배당형 ETF를 효과적으로 투자하기 위해서는 첫째, 시장 상황을 고려해야 하거나 둘째, 필요한 현금을 고려하여 선택해야 한다. 마지막으로 연금저축계좌를 통해 절세하는 것이 신의 한 수다.

4부.
연금 ETF 투자 실전

이제 본격적으로 ETF 투자전략을 설명하겠습니다. 첫째, 연령대별로 투자 수요를 감안한 포트폴리오를 정리해보았습니다. 30대는 안정적인 적립식, 40대는 자산배분전략, 50대는 인출전략 이라는 목표를 가정하고 이에 맞는 포트폴리오를 정리했습니다. 둘째, 위험 성향별로 총 6단계의 포트폴리오를 짰습니다. 단계가 높아질수록 기대 수익이 높아지는 대신 투자위험도 커집니다. 1단계부터 차근차근 투자해서 경험과 내공을 쌓아가는 것을 추천해 드립니다. 투자는 본인 선택이며 책임임을 다시 한번 강조드립니다.

1

연령별 **30대 연금 ETF 투자전략:**
적립하기

Q 얼마 전부터 직장 생활을 시작한 30대 회사원입니다. 연금을 벌써 고
민하고 준비할 필요가 있을까요? 만약 하게 된다면, 어떤 관점을 가
져야 하고 어디에 투자하는 것이 좋을까요?

A 연금은 장기 투자에 따른 복리의 마법입니다. 30대라면 시작이 중요
합니다. 단돈 10만 원이라도 쌓아가면 노후가 달라질 것입니다. 일단
연금저축계좌(펀드)를 만든 후 ETF를 매수해서 꾸준히 장기 투자하
는 것이 가장 좋습니다. 지금 바로 시작하십시오.

이제 막 연금으로 노후준비를 시작한 30대라면 매월 일정 금액을 납입해서 연금 목돈을 만들어야 합니다. 이때는 우량 ETF를 골라 흔들림 없이 적립식으로 모아가는 것이 가장 좋습니다. 연금은 지금 필요한 돈이 아니라 20~30년 후에 필요한 돈입니다. 변동성이 크더라도 시장의 우상향을 믿고 꾸준히 투자한다면 노후를 지켜주는 든든한 지원군이 될 것입니다.

아직 결혼하지 않은 30대라면 결혼 자금도 있어야 하고 내 집 마련도 계획해야 합니다. 매달 빠듯하더라도 저축 가능금액을 최대로 산출한 뒤, 그 중 일부를 연금으로 적립하는 것이 중요합니다.

적립식 투자는 투자를 망설이거나 미루는 것을 막아주고, 후회를 최소화하며, 마켓 타이밍을 신경 쓰지 않는다는 점에서 가장 쉽고 편안한 투자 방법입니다. 적립식 투자 방법과 투자할만한 ETF에 대해 알아보겠습니다.

적립식 투자의 3가지 방법

적립식 분할 매수 방법에는 세 가지가 있습니다. 시간 분할 매수, 가격 분할 매수, 전략 분할 매수 방법입니다.

적립식 분할 매수 방법

시간 분할	가격 분할	전략 분할
기계적 매수	다른 가격에 매수	다른 가격&전략 추가
정해진 날짜에 매수 (정액 적립식)	가격 하락시 매수(물타기) 가격 상승시 매수(불타기)	하락시 매수 증액(물타기)

　시간 분할 매수 방법은 정액 적립식이라고도 합니다. 매월 정해진 날짜에 동일한 금액을 매수하는 단순한 투자법입니다. 단순하지만 수익을 높일 수 있는 가장 확실한 투자법입니다. 정액 적립식 투자의 핵심은 적금에는 만기가 있지만 '투자에는 만기가 없다는 점'을 활용해서 목표 수익에 도달할 때까지 '계속 투자'하는 것입니다. 자본 시장은 결국 지속적으로 성장한다는 낙관론에 기댄 투자법입니다. 뛰어난 시장분석 능력이나 마켓 타이밍의 도움이 없더라도 시장에서 머무르다 보면 시장 사이클 변화에 따라 올라가는 기회를 얻을 수 있다는 투자입니다. 실제로 몇 번의 경제 위기와 코로나19 같은 사태를 겪으면서도 혁신과 기술개발을 통한 자본시장의 성장은 줄기차게 이어져 왔습니다.

　두 번째는 가격 분할 매수 방법입니다. 투자하는 상품의 적정 가격이 얼마인지(밸류에이션) 확신이 있을 때 이를 보고 있다가 매입하는 방법입니다. 여기에는 매수 단가를 낮춰서 주식 수를 늘리는 '물타기'가 있고, 상승세를 믿고 주식 수를 하나라도 더 늘리는 추세추종매매의 '불타기'가 있습니다. 하지만 무조건 매수하는 것은 위험할 수 있으니 손실 한도나 목표 수익을 정해서 그 안에서 관리하는 것이 중요합니다.

마지막 세 번째는 전략 분할 매수 방법입니다. 가격 분할 매수 방법에 투자전략을 가미하는 것으로 ETF의 가격이 떨어질 때마다 투자금액을 늘리는 방식입니다. 일정액을 고정적으로 투자하는 것이 아니라 가격이 떨어졌다 싶을 때 많이 사는 방식의 투자입니다. 상황에 따라 '물타기'만 진행한다고 생각하면 됩니다.

적립식 투자는 무척 간단해 보이지만 일종의 심리 게임과 같습니다. 매일이든 매주든 혹은 매달이든 일정 금액으로 ETF 상품을 산다하더라도, 가격이 떨어지거나 계속 마이너스가 누적되면 심리적 위축을 피하기가 어렵습니다. 하지만 시장이 하락할 때 적립식 투자를 하면 낮은 가격으로 나누어 투자하게 되므로 매수평균단가를 낮출 수 있습니다. 그렇지만 막상 시장이 하락하면 손실 금액이 계속 커져 투자를 중단하고 싶은 마음이 들기 마련입니다. 그리고 적립금이 계속 쌓여 자금 규모가 커지게 되면, 적립의 효과(물타기 혹은 불타기) 또한 미미해집니다. 그래서 어느 정도 자산이 커지면 자산배분전략이 필요합니다. 다만, 아직은 30대인 만큼 자산배분전략보다는 꾸준히 모아가는 데 집중하는 것을 추천해 드립니다.

적립식 투자 어떤 ETF가 좋을까?

다이어트에 성공하려면 덜 먹고 운동하는 게 가장 기본이고 명확한 솔루션 입니다. 투자에 성공하는 방법도 이와 같습니다. 좋은 자산을 골라 꾸준히 투자하는 것이 가장 명확한 방법입니다. 그러려면 우량 자산을 선택하는 것이 가장 중요합니다. 부실자산이라면 아무리 싸게 사더라도 결국 계속 가격이 떨어져 손실 회복을 기대할 수 없습니다.

우량자산을 스스로 고를 수 없다면 대표지수에 투자하는 것이 가장 좋습니다. 투자를 시작할 때는 KOSPI200, S&P500, NASDAQ100 만으로도 충분합니다. 앞으로 가야 할 길이 많이 남은 30대인 만큼 목돈을 당장 만들 수 있는 위험한 투자보다 연금답게 대표지수로 투자를 시작하면 됩니다. 그러다 시간이 좀 흐르고 재테크에 대한 공부도 충분히 무르익으면 그때 테마나 섹터와 관련된 ETF로 일부 추가 매수를 하는 것이 적절합니다.

추천 적립식 ETF

적립식 투자로 가장 추천할 만한 ETF는 미국S&P500입니다. 여기에 KODEX 200을 추가해도 좋습니다. 개인적으로는 KODEX 200 대신 TIGER MSCI KOREA TR을 투자하는 것이 더 낫다고 생각합니다. TIGER MSCI KOREA TR은 우량 거래소 종목과 일부 대형 코스닥종목을 포함한 지수로 국내 주식에 더 골고루 투자할 수 있는 ETF입니다.

해외 지수에 투자하는 경우, 일반적인 상황이라면 환헤지를 하지 않는 것을 추천합니다. 장기 투자를 생각하면 환율은 중립적인 것이 좋습니다. 게다가 경제 위기 때마다 달러는 주식의 손실을 상쇄하는 보험의 역할을 했습니다.

안정적인 적립식 투자를 원한다면 자산배분을 고려하여 다음과 같이 포트폴리오를 짜고 적립식으로 투자하는 것을 추천합니다. 그리고 1년에 한 번 평가액에 따라 비중을 국내/해외 각 50%으로 다시 재분배(리밸런싱)하면 투자 수익은 더욱 커질 수 있습니다.

적립식 투자전략 및 추천 ETF

자산군	ETF	비중
국내 주식	KODEX 200(TIGER MSCI KOREA TR)	50%
미국 주식	TIGER S&P500(TIGER 미국나스닥100)	50%

그 외, 적립식으로 투자할만한 대표지수 ETF는 다음과 같습니다.

- [국내] KODEX 200, TIGER MSCI KOREA TR
- [선진국] TIGER 미국나스닥100, TIGER 미국S&P500, TIGER 일본니케이225, KODEX 선진국MSCI
- [이머징] TIGER 차이나CSI300, KODEX 인도니프티50, ARIRANG 신흥국MSCI(합성H)

간단 요약 및 활용 팁 ─────────────────────

- 시간 분할 매수 방법인 정액 적립식은 매월 정해진 날짜에 동일한 금액을 매수하는 단순한 투자법이지만 수익 확률을 높이는 가장 확실한 투자법이다.
- 적립식 투자는 미루는 것을 막아주고, 후회를 최소화하며, 마켓타이밍을 크게 신경 쓰지 않도록 도와준다.
- 적립식 투자로 가장 추천할 만한 ETF는 TIGER 미국S&P500이다. 여기에 KODEX 200을 추가해도 좋다.

2

연령별 **40대 연금 ETF 투자전략: 굴리기**

Q 10년 넘게 연금을 부은 40대입니다. 대표지수 중심으로 ETF에 적립식으로 투자해 왔는데 시장이 좋을 때와 그렇지 않을 때 변동성이 커서 불안합니다. 어떻게 투자하면 좋을까요?

A 40대의 연금 투자는 포트폴리오의 안정성과 성장성 두 가지를 병행하는 전략이 필요합니다. 대표지수형 ETF가 테마 ETF에 비해 안정적이긴 하지만 어쨌든 주가지수와 연동이 되는 만큼 크게 폭락할 때도 있습니다. 따라서 연금 포트폴리오를 주식과 채권으로 분산해서 안정적으로 유지할 필요가 있습니다. 40대 후반으로 갈수록 채권 비율을 높일 필요가 있고요.

연금을 꾸준히 쌓아온 40대라면 연금 규모가 제법 커졌을 것입니다. 40대는 매월 연금을 잘 쌓는 것과 동시에 이제껏 쌓아둔 연금을 잘 굴리는 것, 둘 다 필요합니다. 그동안 투자 경험을 많이 한 만큼 대표지수 ETF 이외에도 좀 더 성장성 있는 상품에 투자하고 싶은 마음이 생깁니다. 성장성과 수익성이 높은 상품을 잘 골라 투자할 수 있으면 좋겠지만, 매번 성공하기는 어렵습니다. 그래서 공격은 하되, 충분한 수비도 필요한 자산배분전략으로 투자를 이어가는 것이 좋습니다.

자산배분전략은 단기간 수익을 극대화하긴 어렵더라도 길게 보면 위험은 줄이고 수익은 천천히 하지만 꾸준히 쌓아가는 방법입니다. 자산배분전략이라 하더라도 너무 거창하거나 복잡하면 실행하기가 어렵습니다. 단순하면서도 효율적인 자산배분전략으로 60/40 전략, TRF 전략, 올웨더 투자전략을 소개하고자 합니다.

60/40 투자전략

전통적으로 월가의 투자자들이 인정하는 최적의 자산배분 비율은 주식 60%와 채권 40%입니다. 이를 간단히 60/40 투자전략이라고 부릅니다. 주식의 수익성과 채권의 안정성을 결합해 최적의 투자수익을 얻는 방식입니다.

1926년부터 2020년까지 95년 동안 S&P500와 미국채

40%를 투자한 60/40 포트폴리오의 연평균 수익률은 9.1%였습니다. 단순한 전략이지만 효과는 매우 강력했습니다.

60/40 투자전략 및 추천 ETF

자산군	ETF	비중
미국 주식	TIGER S&P500(TIGER 미국나스닥100)	60%
미국 채권	TIGER 미국채10년선물 (TIGER미국달러단기채권액티브)	40%

*퇴직연금에서는 선물투자가 불가하므로 TIGER 달러단기채로 대체

그러나 해당 투자전략은 미국 시장 투자자를 위한 투자법으로, 한국 투자자의 상황을 고려한다면 일부는 국내 주식으로 자산배분하는 것이 유용합니다.

60/40 한국형 투자전략 및 추천 ETF

자산군	ETF	비중
국내 주식	KODEX 200(TIGER MSCI KOREA TR)	30%
미국 주식	TIGER S&P500(TIGER 미국나스닥100)	30%
미국 채권	TIGER 미국채10년선물 (TIGER미국달러단기채권액티브)	40%

*퇴직연금에서는 선물투자가 불가하므로 TIGER 달러단기채로 대체

TRF 투자전략

TRF(Target Return Fund)는 위험 수준이 일정 한도로 정해진 자산 배분형 ETF입니다. 연금 전용 상품을 설명할 때 한번 살펴보았습니다. 한 종목만 사도 자동으로 자산 배분이 됩니다. TRF는 총 3종으로 글로벌 선진국 주식과 국내채권 비중을 다양하게 조합하고 있습니다. 기초 지수는 MSCI World 지수와 KAP한국종합채권FOCUS(AA-이상)지수를 비중별로 나누어 투자합니다. 간단히 말해, 전세계 주식과 한국의 우량 채권에 동시에 투자하는 것으로 이해하면 됩니다.

TRF 투자전략 및 추천 ETF

ETF	자산배분
KODEX TRF3070 ETF	MSCI World 30% + 한국종합채권국공채지수 70%
KODEX TRF5050 ETF	MSCI World 50% + 한국종합채권국공채지수 50%
KODEX TRF7030 ETF	MSCI World 70% + 한국종합채권국공채지수 30%

TRF3070은 주식이 30%, 채권이 70%로 변동성이 낮아 가장 안정적입니다. TRF5050은 주식과 채권이 각각 50%

입니다. TRF7030은 주식이 70%, 채권이 30%로 수익성이 가장 높습니다. 따라서 시장 변동성이 높을 때는 안정적인 TRF3070으로 투자하다가 시장이 오른다 싶으면 TRF5050, TRF7030으로 교체 매매하면서 주식 비중을 높여가면 간단하지만 다이내믹한 자산배분을 할 수 있습니다.

올웨더(All Weather) 투자전략

올웨더는 유명한 포트폴리오 투자전략인 동시에 펀드 이름이기도 합니다. 세계 최대 규모의 자금을 운용하는 헤지펀드 운용사인 브리지워터에서 운용하는 펀드 중 하나입니다. 창업자인 레이달리오가 고안한 자산배분전략입니다(레이 달리오 이름 많이 들어봤죠? 우리나라에서 『원칙』이라는 책으로 유명해진 분입니다).

올웨더 포트폴리오는 모든 경제 상황에서 활용할 수 있는 포트폴리오라는 의미로 사계절 포트폴리오, 전천후 포트폴리오라고도 불립니다. 올웨더 투자전략에서 제안하는 포트폴리오 비중은 미국주식 30%, 미국장기국채 40%, 미국중기국채 15%, 원자재 7.5%, 금 7.5% 수준입니다. 미국 주식과 채권으로의 투자 비중이 절대적으로 높습니다. 그러나 한국 투자자라면 미국과는 경제 환경이 다르고 환율에 대한 고려도 필요합니다.

국내 시장을 중심으로 하는 올웨더 투자전략은 없을까요? 있습니다. 『ETF 처음공부』라는 책에서 김성일 작가가 제안한 K-올웨더를 주목할 필요가 있습니다(김성일 작가는 자산배분전략으로 유명한 분입니다). 이 전략은 해외주식, 해외채권, 실물 자산뿐만 아니라 국내주식, 국내채권에도 투자해 자산 분산에 통화 분산까지 더해 변동성을 현저히 낮춘 것이 특징입니다. 특히 한국 투자자에게 특화된 자산배분전략이라 할 수 있습니다.

아래는 자산배분전략은 유지하되 추천 ETF는 운용규모, 거래량 등을 고려하여 새롭게 선정했습니다. (KODEX 200 대신 TIGER MSCI KOREA TR, TIGER S&P500대신 TIGER 미국나스닥 100을 투자해도 좋습니다.)

올웨더 전략 추천 K-올웨더 ETF

자산군		ETF	비중
위험 자산	국내주식	KODEX 200	17.5%
	미국주식	TIGER S&P500	17.5%
대체	금	ACE KRX금현물	15%

안전 자산	한국채권	TIGER 중장기국채	17.5%
	미국채권	TIGER 미국채10년선물(미국달러단기 채)	17.5%
	현금성	KBSTAR 머니마켓펀드	15%

이러한 조합(자산배분)을 실제로 시뮬레이션해볼 수 있는 사이트가 있습니다. snowball72.com을 참고하면 과거 데이터를 기준으로 지금의 자산 배분이 어떤 효과를 발휘하는지 직접 확인해 볼 수 있습니다.

각각의 전략은 기본적인 자산배분전략의 예시일 뿐입니다. 수익성 확대보다는 안정성 확대에 목표를 두고 있습니다. 안전자산과 위험자산을 적절히 분산하여 위험을 줄이는 것을 우선으로 하는 전략이지 수익을 위한 만병통치약 같은 전략은 아닙니다. 따라서 투자 경험이 어느 정도 있는 투자자라면 다양한 자산배분 포트폴리오를 직접 만들고 실행해 봐도 좋습니다. 예를 들어, 전체 자산 중 자산배분전략으로 70%까지만 투자하고, 나머지 30%는 성장 테마(요즘으로 치면, 2차 전지나 반도체, 인공지능 등)에 투자해서 추가적인 수익을 노려볼 수도 있습니다.

간단 요약 및 활용 팁 ──────────────

- 40대라면 목돈 만들기와 동시에 자산배분전략으로 목돈을 굴려보자.

- 60/40 자산배분전략은 전통적으로 월가의 투자자들이 인정하는 최적 자산배
  분 비율이다.

- 40대의 자산배분전략으로 유용한 올웨더 포트폴리오는 모든 경제 상황에서 활
  용할 수 있는 포트폴리오라는 의미로 사계절, 전천후 포트폴리오라고도 불린다.

3

연령별 **50대 연금 ETF 투자전략: 인출하기**

Q 은퇴가 얼마 남지 않은 50대입니다. 연금의 일부를 헐어서 생활비로 사용하는 것을 고민할 때인 것 같습니다. 투자도 지속하고 생활비도 충당할 방법이 있을까요?

A 50대라면 일부 연금을 인출해서 생활비로 사용할 수 있는 플랜을 마련해야 합니다. 이제 월배당 ETF에 관심을 둘 때입니다. 나이가 들수록 현금흐름이 중요하다는 것 아시죠?

30대라면 매월 연금을 납입해서 모아가는 것, 40대라면 쌓인 연금을 잘 굴리는 것이 중요하다고 말씀드렸습니다. 50대는 본격적으로 연금을 노후 자금으로 활용해야 하는 시기입니다. 연금을 납입하고 운용해야 하는 동시에 쌓인 연금을 생활비로 쓸 수 있도록 인출 플랜도 함께 고민해야 합니다. 실제 55세 이후부터 연금 인출이 가능합니다. ETF를 통해 현금 파이프라인을 만드는 법을 알아보겠습니다.

월배당형 ETF로 현금 파이프 라인 만들기

은퇴 생활자 홍길동씨 부부가 있습니다. 생활비로 매달 400만 원이 필요합니다. 국민연금으로 150만 원, 주택연금으로 150만 원은 해결되지만, 추가로 100만 원이 더 필요합니다. 다행히 그동안 모아 둔 퇴직연금과 연금저축계좌로 투자한 금액까지 합쳐 대략 3억 원가량의 노후자금이 있습니다. 이를 활용해 매달 100만 원 현금이 나올 수 있는 파이프라인을 만들어 보겠습니다.

가장 쉬운 방법은 그동안 모아둔 연금에서 매월 100만 원씩 인출해서 쓰는 것입니다. 3억 원이 있으니 이자를 고려하면 얼추 30년 동안 매달 100만 원씩 인출해도 큰 문제가 없습니다. 그러나 노후에 원금을 헐어가면서 돈을 빼 쓰는 것은 생각처럼 쉬운 결정이 아닙니다. 그래서 이 부부에게는 자산 증

식과 월 현금 흐름을 동시에 만들 수 있는 월배당형 ETF 투자
를 추천합니다. (배당형 ETF에 대해서는 앞에서 이미 살펴본
바 있습니다.)

아래 표를 보겠습니다. 1억 원을 투자해서 얻을 수 있는 배
당금의 수준을 알 수 있습니다. 또한 100만 원의 월배당액을
얻기 위해 얼마나 투자해야 하는 지를 정리한 표입니다. 주식
보다는 채권이 안정적이고 배당이 낮을수록 변동성이 낮습니
다. 따라서 높은 배당률만 보고 ETF를 선택할 것이 아니라 적
절히 분산하는 것이 중요합니다.

월배당형 ETF의 배당률과 월배당금

구분	ETF	배당률(연)	월배당금	투자 필요액
주식	TIGER 미국배당다우존스	3.8%	32만 원	3.1억 원
	TIMEFOLIO Korea플러스배당액티브	5.7%	48만 원	2.1억 원

커버 드콜	TIGER 미국나스닥100커버드콜 (합성)	12.1%	101만 원	1.0억 원
	TIGER 미국배당+7%프리미엄다 우존스	10.7%	89만 원	1.1억 원
	TIGER 미국테크TOP10+10%	10.0%	83만 원	1.2억 원
	TIGER 200커버드콜ATM	8.3%	69만 원	1.4억 원
	TIGER 배당프리미엄액티브	7.2%	60만 원	1.7억 원
리츠	TIGER 리츠부동산인프라	7.2%	60만 원	1.7억 원
	TIGER 미국MSCI리츠(합성 H)	4.2%	35만 원	2.9억 원
인컴	ACE 글로벌인컴TOP10 SOLACTIVE	8.7%	73만 원	1.4억 원
	KODEX 미국투자등급회사채액티브	3.8%	32만 원	3.1억 원
	KBSTAR 중기우량회사채	3.3%	28만 원	3.6억 원
	TIGER 글로벌멀티에셋TIF액티브	3.2%	27만 원	3.7억 원

* 출처: ETF CHECK, 2023년말 기준, 1억 원 투자시 월배당(세전),
100만 원 배당을 받기 위해 필요한 투자 원금

자산배분전략과 월배당 현금 만들기를 분리하자

그동안 모아둔 연금이 많다면 기존의 자산배분형 포트폴리
오 그대로 유지하는 것이 좋습니다. 대신 연금 자산의 일부를
떼 월배당형 ETF에 투자해 현금흐름을 만듭니다. 예를 들어,

연금 자산이 총 5억 원이라면 4억 원은 자산배분전략으로 지금처럼 계속 투자를 이어가고 1억 원 정도만 월배당형 ETF에 넣어두고 월 현금 흐름을 만드는 것이 효율적입니다.

자산배분전략 + 단순 월배당형 ETF 예시

구분	총금액	배당률	월배당금 (만 원)
자산배분전략	4억 원	-	-
TIGER 미국테크TOP10+10% (TIGER 미국배당+7%프리미엄다우존스)	1억 원	약 10.0%	83 (89)

자산배분과 월배당을 동시에 고려한 현금흐름 만들기

그런데 모아둔 연금 자산이 크지 않다면 포트폴리오를 자산배분과 월배당을 동시에 고려하는 방향으로 짜야 합니다. 이 또한 수익도 내고 현금 인출도 같이하는 방법입니다. 60/40 자산배분전략을 고려한 월배당형 ETF 포트폴리오는 다음과 같습니다.

월배당형 ETF의 편입자산의 속성과 국가별 배분, 동시에 배당금을 함께 고려하여 아래와 같이 선정했습니다. 해당 포트폴리오에 1억 원을 투자하게 되면 매월 58만 원(세전)의 배당금을 얻을 수 있습니다. 만일 좀 더 자금이 있어서 1.7억 원까지 투자가 되면 월 100만 원의 현금흐름을 만들 수 있습니다.

60/40 전략을 고려한 월배당형 ETF 포트폴리오

구분	국가	배당률	비중	배당률	1억(원)	1.7억(원)
주식 (60%)	미국	TIGER 미국배당+7% 프리미엄다우존스	15%	10.7%	13만	23 만
		TIGER 미국테크 TOP10+10%	15%	10.0%	12만	22 만
	한국	TIGER 배당프리미엄 액티브	15%	7.2%	9만	15 만
		TIMEFOLIO Korea플러스배당액티브	15%	5.7%	7만	12 만
채권 등 (40%)	미국	KODEX 미국투자등급회사채액티브	10%	3.8%	3만	6 만
	한국	KBSTAR 중기우량회사채	10%	3.3%	2만	5 만
	글로벌	TIGER 글로벌멀티에셋TIF액티브	10%	3.2%	2만	5 만
		ACE 글로벌인컴 TOP10 SOLACTIVE	10%	8.7%	7만	13 만
		계	100%	5.8%	58만	100 만

다음으로 올웨더 자산배분전략을 고려한 월배당형 ETF 투자 포트폴리오를 짜보았습니다. 해당 포트폴리오로는 1억 원 투자 시 월 34만 원(세전)의 월배당금을 얻을 수 있습니다. 월 100만 원의 현금흐름을 얻기 위해서는 2.9억 원을 투자해야 합니다. 올웨더 포트폴리오가 60/40 자산배분에 비해 배당금이 작고 배당금 100만 원을 얻기 위한 투자금액이 더 필요한 이유는 올웨더 포트폴리오가 좀 더 다양한 자산으로 분산되어 있기 때문입니다. 그만큼 안정성은 더 높다는 의미입니다.

올웨더 전략을 고려한 월배당형 ETF 포트폴리오

구분	국가	배당률	비중	배당률	1억(원)	2.9억(원)
위험 자산	국내 주식	TIMEFOLIOKorea+ 배당액티브	17.5%	5.7%	8만	25만
	미국 주식	TIGER미국배당+7% 프리미엄	17.5%	10.7%	16만	46 만
대체	금	ACE금현물	15.0%	0.0%	-	-
안전 자산	한국채권	KBSTAR중기우량회사채	17.5%	3.3%	5만	14 만
	미국채권	KODEX미국투자등급 회사채액티브	17.5%	3.8%	6만	16 만
	현금성	KBSTAR머니마켓펀드	15.0%	0.0%	-	-
		계	100%	3.4%	34만	100 만

물론 해당 전략은 예시일 뿐이며 시장상황이나 배당률(분배율)에 맞춰 포트폴리오와 비율은 변경될 수 있습니다. 최근 다양한 월배당 ETF가 계속적으로 출시되고 있습니다. ETF를 이용한 인출 플랜은 더욱 다양해지고 정교해질 예정입니다.

월배당 ETF를 이해하기 위한 가장 좋은 팁은 실전투자입니다. 관심있는 월배당형 ETF를 1주씩 사서 직접 월배당을 받아볼 것을 추천합니다. 1년 정도 투자하고 관찰하면 ETF가 지닌 배당 안정성과 시장변동에 따른 자본차익 변화를 눈으로 확인할 수 있습니다. 이후 연금 인출플랜에 적용하면 시행착오를 최소화할 수 있습니다.

간단 요약 및 활용 팁

- 월배당형 ETF를 활용 1억 원당 월배당 금액, 월 100만 원 만들기 위해 필요한 투자금액 등을 예상할 수 있다.
- 월배당이 높은 ETF만을 선택하다 보면 시장 변동성에 쉽게 노출될 수 있다. 따라서 인출 플랜에도 자산배분이 필요하다.
- 60/40 자산배분전략이나 올웨더자산배분전략을 응용해서 자산 증식과 현금 인출 포트폴리오를 구성해 보자.

4

성향별 **1단계:**
첫 경험, 손실 없는 ETF 맛보기

Q ETF 투자가 처음입니다. 아직은 모아둔 돈이 얼마 없고, 연금 투자도 처음인 만큼 단기적으로 경험을 쌓을 수 있는 상품이면 더 좋을 것 같습니다.

A 단돈 만 원이라도 일하게 할 수 있는 파킹형 ETF를 추천해 드립니다.

1단계는 잃지 않는 투자를 하는 것이며, 단돈 만 원이라도 일하도록 하는 방법입니다. 이러한 조건에 가장 잘 맞는 파킹형 ETF의 특징과 종류 등을 알아보겠습니다.

단돈 만 원이라도 일하게 하라

연금저축계좌에서 잃지 않는 투자를 원한다면 이른바 파킹통장이라고 불리는 안정형 ETF가 첫 번째 대안이 될 수 있습니다. 여유 자금을 그냥 놀리지 말고 파킹형 ETF를 베이스캠프 삼아 운용하면 기대 이상의 짭짤한 수익을 얻을 수 있습니다.

ETF가 처음이라면 무조건 파킹형 ETF부터 시작하는 것이 좋습니다. 안전하고 손실 가능성이 거의 없어 매매의 경험을 쌓고 연금 굴리기의 감각을 익힐 수 있습니다. 매일 쌓이는 평가 이익을 바라보는 기쁨을 느껴보면, 연금에 투자하고 싶은 마음이 계속 들게 됩니다(저축을 부르는 신호입니다). 가벼운 마음으로 파킹용 ETF 한 주부터 매수해서 가격 모니터링부터 해보길 바랍니다.

파킹형 ETF는 어떤 장점을 갖고 있을까?

손실 위험이 거의 없어 안정적입니다. 금리가 하락하더라도 마이너스 금리가 아닌 이상 매일 이자가 복리로 쌓이는 구조입니다. 보통은 예금 대비 높은 금리를 줍니다(은행 신용보다 낮은 회사채에서 나오는 이자이기 때문에 좀 더 높습니다). 매일의 금리 변동을 즉각적으로 반영하고, 금리가 오르는 시기에는 플러스 얼마의 시중 금리 이상의 수혜를 얻을 수 있습니다. 그리고 환금성도 뛰어납니다.

KODEX CD금리액티브(합성) 일별 가격 그래프:
손실 없이 꾸준히 우상향하는 것을 볼 수 있다.

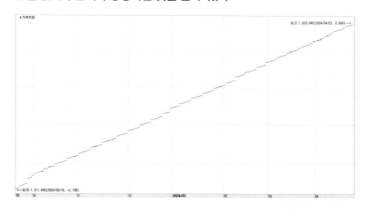

파킹형 ETF에는 어떤 상품이 있을까?

첫 번째는 KOFR ETF입니다. 무위험 지표금리(가장 안전한 금리수준으로 일종의 콜금리와 유사)입니다. 국채 등을 담보로 거래되는 RP금리(환매조건부 채권금리)로 초단기거래이기 때문에 안정성이 뛰어납니다. **TIGER KOFR금리액티브(합성)** 은 운용 규모도 크고 총보수도 0.03%로 가장 낮아 추천하는 상품입니다. 주당 10만 원부터 거래할 수 있습니다.

두 번째는 CD금리 투자 ETF 입니다. 매일 고시되는 CD91일 금리(91일 만기의 양도성예금금리)를 타겟으로 합니다. 은행에서 발행하는 CD(양도성예금증서)를 ETF 상품화한 것으로 이해하면 쉽습니다. 소액으로 투자가 가능하고 자유로운 입출금이 가능합니다. 수익면에서도 변동성을 최대한 배제하여 장기적으로는 예금처럼 꾸준히 수익이 상승한다는 점에서 안정적인 투자나 여유자금 투자에 적합합니다. KOFR과 마찬가지로 금리 인상 시기에는 CD금리도 시장금리를 반영하여 오르기 때문에 금리 인상기에 투자 효과는 더 큽니다. **KODEX CD금리액티브(합성)**의 운용 규모가 가장 크고 총 보수도 0.02%로 가장 낮습니다. 단, 한 주당 가격이 100만 원 정도로 높은 편입니다. 5만 원 단위로 거래되는 ETF를 찾는다면 **TIGER CD금리투자KIS(합성)**를 투자해도 좋습니다.

세 번째는 초단기 머니마켓 펀더인 MMF ETF입니다. MMF와 비슷한 방식으로 운용되는 머니마켓 ETF도 투자 대안이 됩니다. ETF에 편입되는 자산과 듀레이션(만기)이 상대적으로 여유로워 MMF와 유사합니다. 파킹용 ETF 중 수익이 가장 높은 편입니다. **KBSTAR** 머니마켓액티브가 운용 규모도 크고 총보수도 0.05%로 저렴합니다.

총 세 가지를 살펴보았습니다. KOFR, CD, MMF ETF 중 어떤 것으로 투자를 시작하면 좋을까요? 저는 MMF ETF를 추천합니다. 왜냐면 가장 높은 수익률을 제공하기 때문입니다. 모두 매우 안전한 상품이라 위험을 크게 고려할 것은 없습니다. 그러면 당연히 높은 수익률에 투자하는 것이 맞겠죠.

실전투자 요약

단계	1단계
투자 니즈	단기 여유자금을 손실 없이 안전하게 투자하고 싶어요
특징	손실 없는 투자, 단기 여유자금 투자
손실가능성	거의 없음
적정 투자기간	2주 ~ 한달
유사 금융상품	보통예금, MMF, CD, RP
ETF 상품군	KOFR, CD, MMF ETF
추천상품	KBSTAR 머니마켓액티브

5

성향별 2단계:
정기예금보다 높은 수익 ETF

Q 1단계를 통해서 ETF에 대한 이해, 매매 방법에 대한 실전 경험을 얻게 되었습니다. 저도 이제 본격적으로 연금 투자라는 걸 해보고 싶습니다. 일단은 원금은 지키고 은행의 예금 이자보다는 조금 더 높은 수익을 얻고 싶습니다.

A 만기매칭형 ETF를 추천해 드립니다.

1단계를 거치면서 ETF 매매 방법을 익히고 자신감을 얻었다면 이제 시중 금리 이상을 얻을 수 있는 방법을 알아보겠습니다. 1단계도 단기 시중 금리보다는 높지만, 그보다 조금 더 이자를 주는 곳을 찾아보면 좋겠습니다.

저는 손실 위험은 최소화하고 정기예금 이상의 수익을 기대하는 ETF로 만기매칭형 ETF를 추천합니다. 만기매칭형 ETF만 제대로 활용해도 연금을 그냥 정기예금에 두는 것보다 백 번 낫습니다.

만기매칭형 ETF 어떤 상품이 있을까?

먼저, 편입자산의 종류에 따라 어떤 상품이 있는지 살펴보겠습니다. 편입자산의 종류에 따라 정부가 발행하는 국채, 한국은행의 통안채, 시중은행이 발행하는 은행채, 주식회사가 발행하는 회사채 등으로 나눌 수 있습니다. 신용도면에서는 국채가 가장 높지만 회사채 ETF는 국채 대비 높은 수익률을 지급합니다. ETF로 편입된 회사채는 신용 등급이 높은 우량 채권이기 때문에 신용 리스크를 크게 생각할 필요는 없습니다. 1998년부터 AA 등급 채권의 평균누적부도율은 0%입니다. 대표적인 ETF로 HANARO 32-10국고채액티브, KODEX 24-12은행채(AA+이상)액티브, TIGER 25-10회사채(A+이상)액티브 등이 있습니다. 운용 규모도 크고 보수도 낮은 편입니다.

편입자산에 따른 추천 상품을 살펴보았는데, 이번에는 만기에 따른 추천 상품을 보겠습니다. ETF의 만기는 명칭에 표기되어 있습니다. HANARO 32-10국고채액티브의 만기는 2032년 10월입니다. 반면 TIGER 25-10회사채(A+이상)액티브의 만기는 2025년 10월입니다. 만기매칭이라 하더라도 운용 기간에는 시중금리의 변동에 따라 자본 손익이 발생합니다. 따라서 만기를 너무 길게 잡다, 만기 전에 매도하게 되면 이자율 변화에 노출되어 수익을 얻을 수도 있지만 손실이 발생할 수도 있음에 유의해야 합니다. 퇴직연금 투자자가 선호하는 정기예금의 만기는 6개월에서 2년입니다. ETF 또한 해당 만기를 가진 상품으로 투자하는 것이 좋습니다.

다음으로 만기가 자동으로 연장되는 ETF가 있습니다. 만기매칭형 ETF는 약정된 만기가 되면 소멸되어 청산되는 상품입니다. 그러나 만기자동연장 채권형 ETF는 만기도래 시점에 다시 1년 만기 채권을 편입해서 새롭게 운용됩니다. 즉, 1년 만기 시마다 1년 정기예금으로 알아서 변경해주는 특징이 있습니다.

ACE 11월만기자동연장회사채AA-이상액티브 ETF는 매년 11월 만기인 채권 위주로 편입한 뒤 편입자산의 만기도래 시점에 자동으로 이듬해 만기 채권으로 포트폴리오를 교체합니다.

만기매칭형 ETF

(회사채형, 자산규모 500억 원 이상, 2024년 2월 말 현재)

ETF명	만기일	상장일	총보수	순자산 (억 원)
TIGER24-04회사채(A+이상) 액티브	24년04월	2023/03/23	0.1%	7,688
히어로즈24-09회사채(AA-이상)액티브	24년09월	2023/08/17	0.05%	1,847
TIGER24-10회사채(A+이상) 액티브	24년10월	2022/11/22	0.1%	6,747
BNK24-11회사채(AA-이상)액티브	24년11월	2023/11/14	0.1%	1,128
SOL24-12회사채(AA-이상)액티브	24년12월	2023/11/07	0.05%	2,017
ACE24-12회사채(AA-이상)액티브	24년12월	2022/11/22	0.05%	1,719
KBSTAR25-03회사채(AA-이상)액티브	25년03월	2023/08/17	0.05%	2,180
KTOP25-08회사채(A+이상) 액티브	25년08월	2023/09/19	0.1%	1,160
SOL25-09회사채(AA-이상)액티브	25년09월	2023/08/08	0.05%	1,283
WOORI25-09회사채(AA-이상)액티브	25년09월	2023/10/19	0.05%	1,063

TIGER25-10회사채(A+이상)액티브	25년10월	2023/03/23	0.1%	5,354
KODEX25-11회사채(A+이상)액티브	25년11월	2023/10/11	0.09%	3,364
KBSTAR25-11회사채(AA-이상)액티브	25년11월	2022/11/22	0.07%	1,413
ACE26-06회사채(AA-이상)액티브	26년06월	2023/06/20	0.05%	1,184
ACE25-06회사채(AA-이상)액티브	26년06월	2023/06/20	0.05%	812
히어로즈26-09회사채(AA-이상)액티브	26년09월	2023/08/17	0.05%	549
KODEX26-12회사채(AA-이상)액티브	26년12월	2023/12/12	0.09%	1,081
ACE2/5/8/11월만기자동연장회사채AA-액티	자동연장	2023/12/19	0.05%	1,267

* 음영은 추천 상품입니다.

이 중에서 2023년 말 현재, 만기가 1-2년 남은 **TIGER 25-10** 회사채(A+이상)액티브 ETF 정도로 투자해 보면 좋습니다.

실전투자 요약 ─────────────────────────

단계	2단계
투자 니즈	정기예금보다 높은 수익을 얻고 싶어요.
특징	손실 없는 투자, 높은 이자수익
손실 가능성	만기 보유시 손실가능성 거의 없음
적정 투자기간	6개월 이상
유사 금융상품	정기예금
ETF 상품군	만기매칭형 ETF
추천상품	TIGER 25-10 회사채(A+이상)액티브

6

3단계:
주식과 채권 ETF를 활용한
원금보존 추구전략

Q 이제 본격적으로 주식형 ETF에 투자해 보고 싶습니다. 그럼에도 원금 손실 가능성은 최소화하고, 시중 금리보다 더 높은 수익을 목표로 하는 투자전략이 있을까요?

A 주식형 ETF와 만기매칭형 ETF를 함께 투자하면서 원금을 지키며 주식형 ETF에도 투자할 수 있습니다.

연금저축계좌에서 파킹형 ETF, 만기매칭형 ETF를 경험했다면 이제 주식형 ETF도 경험할 때가 왔습니다. 그러나 곧장 주식형 ETF에 투자하면 손실 위험을 감당하기 어려울 수 있습니다. 충분한 워밍업으로 투자 경험을 쌓되 원금 손실을 최소화하는 투자법을 제안 드립니다.

원금보존 추구전략

2단계에서 소개했던 만기매칭형 ETF를 일부 활용해서 원금보존을 하면서도 주식형 ETF에도 투자할 수 있는 포트폴리오를 짜보겠습니다.

예를 들어, 투자자가 2년 만기매칭형 ETF를 만기수익률 5%에 100만 원을 투자했다면 투자자는 2년 후에 이자소득 10만 원(100만 원×5%×2년) 얻을 수 있습니다. 이를 응용해 총 투자금 중 10만 원만 남기고, 나머지 90만 원을 만기매칭형 ETF에 투자하면 2년 후에 약 9만 원(90만 원×5%×2년)의 이자를 얻을 수 있습니다. 이것만으로도 대략 원금 100만 원은 보장이 됩니다. 그리고 주식에 투자한 나머지 10만 원을 갖고서는 높은 수익을 기대해보는 투자를 해볼 수 있습니다. 설사 시장이 안 좋아 대부분의 주식을 손실 보더라도 계좌 전체로는 최소한 원금을 지키는 투자가 됩니다.

ETF 원금보존추구 포트폴리오

구분	투자	투자비중	수익	총금액
안정형	만기매칭형 ETF	100%	10만 원	110만 원
원금보존추구	만기매칭형 ETF	90%	9만 원	99만 원
	주식형 ETF	10%	α	10만 원+α
	계	100%	9만 원+α	109만 원+α

    좀 더 응용해서 계좌 전체의 최대 손실폭을 10%까지 허용한다면 주식형 ETF의 투자 규모는 약 20%까지도 확대할 수 있습니다. 최대 손실 폭을 20%까지 허용한다면 주식형 ETF는 대략 30%까지 투자할 수 있습니다. 또한 원금보존추구로 운용하다 주식형 ETF에서 수익이 나면, 그 즉시 만기매칭형 원금과 이자 110만 원을 안정적으로 빼놓고 나머지 금액으로 공격적으로 운용할 수 있습니다. 해당 전략은 최대 위험을 통제하고 테마형 ETF 등 공격적인 상품에 최대치로 투자할 때 유용하게 쓸 수 있는 방법입니다.

실전투자 요약

단계	3단계
투자 니즈	일부 주식 투자를 하고 싶은데 손실 없이 투자할 수 있을까요?
특징	손실 없는 투자, 주식&채권 투자
손실 가능성	거의 없음
적정 투자기간	약 2년(채권형 ETF 만기까지)
유사 금융상품	원금보존추구 ELS
ETF 상품군	만기매칭형 ETF + 주식형 ETF (투자비중은 만기수익률 고려)
추천상품	TIGER 25-10회사채(90%) + KODEX 200(10%) (KODEX200대신 TIGER S&P500으로 대체 가능)

7

4단계:
성장성과 안정성의 밸런스에 중점을 둔
ETF 투자

Q 투자 경험이 어느 정도 쌓였으니 더 과감한 투자를 해보고 싶습니다. 원금 손실을 일부 고려하더라도 주식을 통해 수익을 높여보고 싶습니다.

A 네, 본격적으로 주식형 ETF 투자에 뛰어들기 전에 안정적인 혼합형 ETF 투자를 통해 충분히 시장 경험을 쌓는 것을 추천해 드립니다.

본격적으로 주식형 ETF에 투자해서 연금저축계좌의 수익성을 끌어올려 보겠습니다. 그러나 연금이라는 특성상 절대 잃지 않는 방향으로의 고민은 필요합니다. 제한된 범위지만 주식 비중을 좀 더 늘려 최대한 수익 확보를 하면서 동시에 위험이 크게 늘어나지 않도록 관리하는 것이 핵심입니다. 이러한 목적에 잘 맞는 상품이 혼합형 ETF입니다. 연금에서 투자할 만한 혼합형 ETF에 대해 알아보겠습니다.

위험자산 30% 혼합형 ETF

위험자산인 주식의 비중을 최대 30% 이하로 투자하는 안정 혼합형 ETF부터 살펴보겠습니다.

대표적으로 국내 KOSPI 200에 30%를 투자하고 미국채 10년(선물)에 70%에 투자하는 **KODEX 200미국채혼합**이 있습니다. 이와 반대로 해외 주식인 나스닥100에 30%를 투자하고 국내채권 KIS 국채 3-10년 지수에 70%를 투자하는 **TIGER 미국나스닥100TR채권혼합**이나 **TIGER 미국테크TOP10채권혼합**도 관심 가져볼 만 합니다. 채권과 주식이 혼합되어 있고 원달러 통화도 혼합되어 있어 변동성 관리에 유용합니다.

TRF(Target Risk Fund) ETF는 타겟 리스크 펀드로 투자자의 위험 성향에 맞게 선택할 후 있도록 자산 배분된 상품이라고 했습니다. 투자자는 안전자산인 채권과 위험자산인 주식의 비중을 투자성향이나 시장 상황에 맞춰 선택할 수 있습니다. 주식과 채권의 비율을 3가지 수준으로 섞을 수 있으니 편하게 선택할 수 있는 상품입니다. KODEX TRF3070, KODEX TRF5050, KODEX TRF7030가 대표적인 상품입니다. 숫자대로 주식과 채권의 비율이 각각 30:70, 50:50, 70:30 입니다.

단일종목 ETF 혼합형

연금저축계좌에서 개별 주식 투자는 불가합니다. 그러나 전혀 불가능한 것만도 아닙니다. 단일 종목에 30% 수준으로 투자하는 개별종목 ETF도 다수 출시되어 있기 때문입니다. 대표적으로 TIGER 테슬라채권혼합은 테슬라 30%와 국내채권 70% 수준으로 투자합니다. ACE 엔비디아채권혼합, ARIRANG APPLE채권혼합, KODEX 삼성전자채권혼합 등도 엔비디아, 애플, 삼성전자에 30% 투자하고 나머지는 국고채에 투자합니다. 한 번 관심을 가져볼만 합니다. 개별 종목을 추종하는 ETF는 누구라도 인정하는 일등 기업으로 구성되어 있어, 글로벌 우량 주식의 성장성과 국채 투자의 안정성을 고루 갖추고 있습니다.

혼합 DIY 투자

혼합형 투자전략을 투자자가 직접 만들어 실행할 수도 있습니다. 우량 주식과 우량 채권에 50:50 절반씩 투자할 수 있습니다. 이후 가격 등락으로 투자 비중이 5% 이상 차이가 나면 리밸런싱을 통해 50:50으로 재배분하는 전략입니다. 주식이라면 KOPSI200, S&P500, NASDAQ100으로 채권은 TIGER미국채10년선물, KOSEF국고채10년에 투자합니다.

다음 표를 보시면 주식(S&P500)과 채권(미국채 10년)에 50:50 투자해서 주식 수익을 20, 채권 수익 2를 얻었다는 가정에서 리밸런싱을 통해 주식, 채권 비중을 50:50으로 재조정하면서도 수익을 지키고 위험 관리도 할 수 있다는 것을 보여줍니다.

대표지수 ETF를 활용한 DIY 혼합형

구분	원금(50:50)	수익	리밸런싱(50:50)
주식(S&P500 ETF)	50	20	61
채권(미국채10년 ETF)	50	2	61
합계	100	22	122

실전투자 요약 ───────────────

단계	4 단계
투자 니즈	주식에 투자해 자산을 불리고 싶어요. 어느 정도의 손실은 생각하고 있어요.
특징	제한된 손실, 주식&채권 투자
손실 가능성	제한된 손실
적정 투자기간	1~2년
유사 금융상품	채권혼합형 펀드
ETF 상품군	채권형 ETF(70%) + 주식형 대표지수ETF(30%)
추천상품	TIGER 미국나스닥100TR채권혼합, KODEX 200미국 채혼합, KODEX TRF3070, DIY 혼합형 투자

8

성향별 **5단계:**

주식형 ETF 투자

Q 시장 경험을 쌓고 ETF를 투자하며 자신감을 얻었습니다. 이젠 본격
적으로 성장을 위한 연금 투자를 해보고 싶습니다.

A 하나씩 단계적으로 밟아서 투자 경험을 쌓아온 만큼, 이제는 주식형
ETF 도전에 나설 때가 된 것 같습니다. 물론 이번에도 섹터나 테마형
ETF보다는 대표지수를 먼저 경험해 볼 것을 추천해 드립니다.

"장기적으로 볼 때 주식은 거의 언제나 채권보다 높은 수익을 냈다. 20~30년을 바라보는 투자자들은 주식 투자를 두려워할 필요가 없다."

대표적인 주식 예찬론자 제레미 시겔 미 펜실베이니아대 와튼스쿨 교수는 자신의 저서인 『주식투자 바이블』에서 채권보다 투자의 매력을 강조했습니다.

이번 5단계에서는 채권형을 섞거나 할 거 없이 좀 더 공격적으로 주식형으로만 ETF에 투자하면서도 손실 위험을 줄일 방법을 살펴보겠습니다. 이제는 원금을 크게 잃을 수 있는 만큼 주의가 필요합니다. 그래서 다섯 가지 원칙을 먼저 정리해보았습니다.

① 전체 자산 중 주식의 한도를 정하고 투자한다.
② 대표지수 중심으로 투자한다. 큰 흐름은 대표지수 투자로도 충분히 따라갈 수 있다.
③ 성장테마형 투자는 포트폴리오의 일부로 제한한다.
④ 투자금을 나누어 투자한다. 적립식이나 분할 매수가 효과적이다.
⑤ 거치식으로 투자하더라도 익절(목표하는 이익을 거두고 매매하는)과 손절(특정 숫자만큼의 손해가 나면 바로 매매하는)의 한도를 명확히 정한다. 손절이 중요하다. 비

자발적인 장기 투자는 무조건 피한다.

정리해놓고 보니 주식 투자를 할 때 고수분들로부터 듣던 것과 다르지 않습니다. 연금 굴리기도 결국 투자라는 범주에서 크게 벗어나지 않습니다.

대표지수형 ETF

"내가 죽으면 아내를 위해 전 재산의 90%는 S&P500 지수에, 나머지 10%는 국채에 투자하라. 주식을 전혀 모르는 사람이라면 S&P500 ETF를 사야 한다."

워렌 버핏이 한 얘기지요? 반복되는 얘기 같지만, 미국 대표지수에만 제대로 투자해도 연금 투자의 절반은 성공하는 셈입니다. 대표지수 ETF는 이해하기 쉽고 친숙해서 연금 투자자가 가장 먼저 선택하는 상품입니다. 위험 대비 투자 효과도 탁월합니다.

추천할 만한 대표지수 ETF는 다음과 같습니다. KODEX 200, TIGER MSCI KOREA TR, TIGER 미국나스닥100, TIGER 미국 S&P500, TIGER 일본니케이225, TIGER 차이나CSI300, KODEX 인도 니프티50 등 입니다. 계속해서 등장하는 ETF가 있을 텐데, 반복적으로 언급되는 상품일수록 믿어도 되는 것으로 생각하면 됩니다.

대형 우량주 집중투자형 ETF

대표지수 투자 다음으로 주목할 상품은 대형 우량주 집중 투자형 ETF 입니다. 대형 우량주는 위기에 강해 하락 방어력이 높고, 브랜드 역시 강력해 투자 결정이 쉽습니다. 또한 대형주 장세에서는 대표지수 이상의 높은 성과를 기대할 수도 있습니다.

글로벌 경쟁력을 갖춘 한국 초우량 10종목에 집중투자하는 TIGER TOP10가 있습니다. 삼성전자, SK하이닉스, 삼성SDI, LG화학, 현대차, 네이버, 포스코홀딩스, LG에너지솔루션, 기아, 셀트리온 드에 투자하면 코스피 시가 총액의 약 60%를 차지할 만큼 시장 대표성을 갖고 있는 상품입니다. 미국 나스닥 상장 초우량 기술주에 투자하는 TIGER 미국테크TOP10INDXX도 있습니다. 마이크로소프트, 애플, 알파벳, 아마존, 엔비디아, 메타, 테슬라, 브로드컴, 시스코, 어도비 10개 종목이 편입되어 있습니다. 전 세계 혁신 성장의 중심에 있는 자율주행, 전기차, 전자상거래, 클라우드, AI, 반도체(CPU/GPU), 빅데이터까지 한 번에 투자할 수 있는 상품입니다.

연금 투자에는 배당주가 좋다

연금 투자와 가장 잘 어울리는 주식형 ETF 는 배당주 ETF 입니다. 고배당주는 하락 방어력이 높아 위기에 강하고, 꾸준한 배당은 연금의 장기성과를 개선해 줍니다. 게다가 배당주나 대형우량주의 가장 좋은 투자 시점은 시장이 비이성적으로 하락할 때입니다. 가격은 빠지지만, 배당이라는 안전 마진이 있기에 용기를 내어 투자해볼 수 있습니다.

국내 고배당 수익에 집중하는 ETF로 ARIRANG 고배당이 있습니다. 유동시가총액 상위 200 종목 중 예상 배당수익률이 높은 30개 종목을 선정하여 투자합니다. 해외 고배당 ETF로는 배당 성장 ETF로 잘 알려진 SOL 미국배당다우존스가 있습니다. 미국 시장에 상장된 종목 중 10년 연속 배당금을 지급하고 과거 5년간 꾸준한 배당 성장을 갖춘 기업 중에서 꾸준한 현금흐름을 바탕으로 높은 주주환원 정책을 펼치는 100개 종목에 투자하는 상품입니다.

실전투자 요약 ————————————————————————

단계	5단계
투자 니즈	본격적으로 주식 투자를 하고 싶습니다.
특징	위험관리 필요
손실 가능성	가능
적정 투자기간	3년 이상
유사 금융상품	주식 인덱스형펀드
ETF 상품군	대표 주식형 ETF
추천상품	[대표지수] KODEX 200, TIGER 미국S&P500, TIGER 미국나스닥100 [대형우량주] TIGER TOP10, TIGER미국테크TOP10 [배당주] ARIRANG 고배당, SOL 미국배당다우존스

9

6단계:
성장형 테마 ETF

Q 시장 트렌드, 미래 기술에 대한 신뢰, 이머징 국가에 대한 믿음 등 좀
더 과감한 투자로 연금 스노우볼을 더 크게 빨리 만들고 싶습니다.

A 더 높은 수익의 필요성에 공감합니다. 이제 충분히 그럴 때도 되었습
니다. 하지만 연금은 노후에 절대적으로 필요한 돈이고 순간의 실수
로 잃어서는 절대 안 되는 돈인 만큼, 철저한 위험 관리를 바탕으로
일부 비중으로 제한적으로 성장형 테마 ETF에 투자하는 것을 추천해
드립니다.

성장 테마는 혁신적인 기술이나 제품(서비스)를 통해 새로운 시장을 창출하거나, 기존 시장을 혁신하여 새로운 성장 발판을 마련하는 투자전략입니다. 이러한 혁신 기업들은 새로운 아이디어나 기술로 시장을 선도하고 투자자들에게 높은 수익을 제공하지만 높은 위험성 또한 갖고 있습니다. 즉, 성장성이 높은 만큼 변동성도 높아 위험 관리를 전제로 투자하는 것이 정석입니다.

반도체

국내 반도체에 투자하는 대표적인 ETF로 KODEX 반도체와 TIGER Fn반도체TOP10이 있습니다. KODEX 반도체는 KRX 반도체 지수를 추종하는 ETF로 반도체 산업 전반에 분산투자합니다. 압축 투자를 원하는 투자자라면 반도체 시총 상위 10종목에 투자하는 TIGER Fn반도체TOP10가 좋습니다. 이 상품은 반도체 대장주인 삼성전자, SK하이닉스에 각 25%씩 50% 가까이 투자합니다. 좀 더 공격적인 투자자라면 반도체 소재, 부품, 장비에 집중투자하는 KODEX AI반도체핵심장비, SOL 반도체 소부장Fn를 주목할 만합니다. 삼성전자나 하이닉스를 제외한 약 20개 종목으로 구성되어 있습니다. 해외 반도체 투자를 위해서는 TIGER 미국필라델피아반도체, KODEX 미국반도체MV가 가장 대표적인 글로벌 반도체 ETF입니다. ACE 글로벌반도체TOP4 Plus는 엔비디아, TSMC, ASML, 삼성전자 4종목에 80% 가까이 집중투자하는 ETF입니다. 이외에도 반도체 장비 분야에서 세계 최상위 기술력을 보유한 일본에 투자하는 TIGER 일본반도체와 파운드리 산업에 집중하는 상품으로 TIGER TSMC밸류체인도 있습니다.

미국 빅테크

미국 나스닥 상장된 기술 기업 중 시가총액 상위 10개 종목에 집중투자하는 TIGER 미국테크TOP10INDXX가 있습니다. 마이크로소프트, 애플, 알파벳, 아마존, 엔비디아, 메타, 테슬라, 브로드컴, 시스코, 어도비 10종목이 편입되어 있습니다. 비록 10종목에 불과하지만 전 세계 혁신 성장의 중심에 있는 자율주행, 전기차, 게임, 헬스케어, 전자상거래와 같은 혁신 테마에서부터 클라우드, 인공지능, 반도체(CPU/GPU), 빅데이터와 같은 플랫폼과 원천기술까지 모두 포괄하는 기업들입니다. 이와 유사한 환헤지형으로 KODEX미국빅테크10(H)도 있습니다.

AI&로봇 ETF

TIMEFOLIO 글로벌AI인공지능액티브는 미국, 한국, 중국 등 글로벌 인공지능(AI)산업에 집중투자하는 국내 최초 액티브

ETF입니다. 생성형 AI에 집중적으로 투자합니다. 30여 개 기업으로 구성되어 있습니다. TIGER 글로벌AI&로보틱스INDXX는 AI&로보틱스 밸류체인 전반에 걸쳐 글로벌 대표 기업에 투자합니다. 산업용 로봇 및 자동화, 서비스 로봇, AI 개발에 필요한 소프트웨어와 하드웨어, 자율주행차 기업들이 포함되어 있습니다.

2차전지

TIGER 2차전지TOP10는 국내 대표 배터리 셀 업체에 집중투자 합니다. 핵심 우량 10개 기업에 투자하며 TOP 3 종목에 75%를 투자합니다. KODEX 2차전지산업는 배터리 셀 50%, 소재부품에 50% 수준으로 두 상품의 중간 정도의 투자 포지션을 갖고 있습니다. TIGER 2차전지테마는 국내 배터리 셀에 약 30% 소재, 부품, 장비 업체에 70%씩 골고루 편입하고 있습니다. KOSPI와 KOSDAQ 비중도 절반에 가까워 2차 전지 산업 전반에 균형감 있는 투자를 원하는 투자자들에게 적합한 상품입니다. 좀 더 공격적인 투자자라면 2차 전지 소재, 부품, 장비에 투자하는 TIGER 2차전지소재Fn나 SOL 2차전지소부장Fn를 고려해 볼만합니다. 배터리 셀을 제외한 소재 기업으로 20개 종목에 집중투자해 수익성이 높습니다. 다만, 코스닥 비중과 중소형주 비중이 높아 변동성이 높다는 점은 유의해야 합니다. 해외로 분산투자를 원하는 투자자라면 중국 전기차 밸류체인에 투자하는 TIGER 차이나전기차와 글로벌 시장에 TIGER 글로벌자율주행&전기차도 고려할만 합니다.

헬스케어

국내 헬스케어 대표 상품으로 TIGER 헬스케어가 있습니다. 한국거래소가 발표하는 KRX Health Care 지수를 기초 지수로 코스피, 코스닥을 포함 80여 개 기업에 분산투자합니다. 헬스케어 산업인 바이오, 제약, 의료기기 및 서비스 산업 전반에 투자합니다. KOACT 바이오헬스케어액티브는 헬스케어에 투자하여 비교지수 대비 초과 성과를 추구하는 액티브 ETF입니다. 성장성 높은 바이오, 헬스케어 산업에 속하는 30여 개 종목에 투자합니다. 글로벌 헬스케어 산업에 투자하는 대표 상품으로 TIGER S&P글로벌헬스케어(합성)가 있습니다. 해당 ETF는 글로벌 헬스케어 S&P Global 1200 Health Care Custom Index를 기초 지수로 헬스케어 업종에 시가총액가중방식으로 118개 종목을 고릅니다. 국가별로는 미국이 70% 수준으로 가장 높고, 스위스, 영국, 일본, 덴마크 등에 전 세계 주식에 분산됩니다. 유나이티드헬스그룹, 존슨앤존슨, 화이자, 로슈, 앱비 등이 대표적인 종목입니다. KODEX 글로벌비만치료제

TOP2Plus는 비만 치료 신약에 집중투자하는 ETF입니다. 대표적으로 일라이릴리, 노보디스크 2종목에 30%를 집중투자합니다. 그 밖에도 화이자, 아스트라제네카 등 대표 제약업체가 편입되어 있습니다.

미디어, 여행레저, 컨슈머

TIGER 여행레저는 국내 여행 및 레저 기업에 투자하는 ETF입니다. 여행, 레저, 카지노 업종에 투자합니다. 대표적으로 하나투어, 호텔신라, 대한항공 등에 투자합니다. HANARO Fn K-POP&미디어는 한국의 미디어컨텐츠 기업에 투자하는 ETF입니다. 에스엠, 와이지엔터테인먼트, JYP, 하이브, 스튜디오드래곤 등 20여 개 종목에 시가총액 가중방식으로 투자됩니다. HANARO 글로벌럭셔리S&P(합성)는 글로벌 명품기업 중 최상위 초우량 종목에 투자합니다. 유럽, 미국, 캐나다 등 12개 국가에 상장된 럭셔리 관련 종 80여 개 종목에 분산투자합니다. 투자 종목으로는 리치몬드, LVMH, 에르메스, 메르세데스 벤츠, 케링을 포함하고 있습니다.

리츠&인프라

국내 리츠에 투자하는 대표 ETF로 TIGER 리츠부동산인프라가 있습니다. 거래소에 상장된 우량 리츠와 함께 상장 부동산 펀드와 인프라 펀드까지 분산투자해서 꾸준한 배당과 자본 차익을 얻을 수 있습니다. 맥쿼리인프라, SK리츠, 롯데리츠, 제이알글로벌리츠, ESR켄달스퀘어리츠 등이 편입되어 있습니다. 대표적인 해외 리츠로는 TIGER 미국MSCI리츠(합성H)가 있습니다. 해당 ETF는 미국에 상장된 2,500개 리츠 중 배당성향과 부동산 임대 및 매매 수익이 높은 150개의 리츠를 골라 분산투자합니다. 국내 리츠 대비 세제면에서는 불리하지만 다양한 리츠에 분산투자할 수 있고 오랜 기간 검증된 운용방식으로 안정적인 배당을 얻을 수 있습니다.

금, 원유 및 농산물

대표적인 금 ETF로는 TIGER 골드선물(H)가 있습니다. 미국 상품거래소(COMEX)에 상장된 금 선물 가격 움직임을 추종합니다. 선물이 아닌 금 현물에 투자하는 상품으로는 ACE KRX 금현물이 있습니다. 그러나 ETF에 투자하더라도 실제 금으로 교환할 수는 없습니다. TIGER 골드선물(H) ETF는 환헤지형이나 ACE KRX금현물 ETF는 환오픈형입니다. 따라서 금 값 때문이 아니라 환율에 따라서도 가격이 변동될 수 있습니다. 원유는 연료, 산업 및 공업 등에 사용되며 단 하루라도 없이는 살 수 없는 필수 에너지 자원입니다. 이 때문에 인플레의 주범으로 지목되기도 합니다. 원유의 매장은 중동과

동유럽, 북미에 편중되어 있고 공급은 제한적이라 정치적, 지정학적 리스크에 가장 많이 노출되는 자원입니다. 대표적인 상품으로 **KODEX WTI원유선물(H)**가 있습니다. **TIGER 농산물선물 Enhanced(H)**는 S&P GSCI Agriculture Enhanced Index （ER） 지수를 추종합니다. 주요 편입 농산물에는 옥수수 39.4%, 콩 24.6%, 밀 24.1%, 설탕 9.9%가 포함됩니다.

대표적인 테마형(대체) ETF

구분	ETF명
반도체	KODEX 반도체
	TIGER Fn반도체TOP10
	KODEX AI반도체핵심장비
	SOL 반도체소부장Fn
	TIGER 미국 필라델피아반도체
	KODEX 미국반도체MV
	ACE 글로벌반도체TOP4 Plus
	TIGER 일본반도체
	TIGER TSMC 밸류체인

2차전지 전기차	TIGER 2차전지TOP10
	KODEX2차전지산업
	TIGER 2차전지테마
	TIGER 2차전지소재Fn
	SOL 2차전지소부장Fn
	TIGER 차이나전기차
	TIGER 글로벌자율주행&전기차
AI 로보틱스	TIMEFOLIO 글로벌AI인공지능액티브
	TIGER글로벌AI&로보틱스INDXX
빅테크	ACE 미국빅테크TOP7 PLUS
	TIGER 미국테크TOP10
헬스케어	TIGER 헬스케어
	KoAct 바이오헬스케어액티브
	TIGER S&P글로벌헬스케어(합성)
	KODEX 글로벌비만치료제TOP2+
여행소비	TIGER 여행레저
	HANARO Fn K-POP&미디어
	HANARO 글로벌럭셔리S&P(합성)
리츠	TIGER 리츠부동산인프라
	TIGER 미국MSCI리츠(합성 H)

대체	ACE KRX금현물 ETF
	KODEX WTI원유선물(H)
	TIGER 농산물선물Enhanced(H)

* 음영은 글로벌 투자 ETF 입니다.

실전투자 요약

단계	6단계
투자 니즈	성장테마에 투자하고 싶습니다.
특징	위험관리 필수
손실 가능성	가능
적정 투자기간	3년 이상/목표수익(손실) 설정
유사 금융상품	주식 성장(테마)형펀드
ETF 상품군	대표 테마형 ETF
추천상품	상위 정리

연금 스노우볼 ETF 투자 습관

: 눈덩이처럼 불어나는 개인연금 운용법

초판 1쇄 발행 2024년 6월 10일
초판 2쇄 발행 2024년 7월 8일

지은이 김수한

펴낸이 이승현
디자인 스튜디오 페이지엔

펴낸곳 좋은습관연구소
출판신고 2023년 5월 16일 제 2023-000097호

이메일 buildhabits@naver.com
홈페이지 buildhabits.kr

ISBN 979-11-93639-11-5(13320)

좋은습관연구소에서는 누구의 글이든 한 권의 책으로 정리할 수 있게 도움을 드리고 있습니다. 메일로 문의주세요.